はじめに

　こんにちは。ワタナベマキです。
　みなさん、日々のごはん、どうしていますか?
　料理の仕事をするようになり、ケータリングで料理を提供したり、雑誌やテレビでさまざまなジャンルの料理を作ってきました。
　ときどき「食べることは好きだけど、作るのは苦手」とか、「作ることは好きだけど、毎日の献立を考えるのがつらい」「自分が作るといつも同じ味で飽きてしまう」といった声を耳にします。
　身近な料理も「こうすればもう少しおいしくなる」というコツや、わたしなりの「ひと手間」「ひと工夫」をお伝えできるよう、レシピを考え、料理を作りました。この本にはわたしの「推しレシピ」がたっぷり入っています。
「今日、何作ろう?」と困ったら、この本を開いてみてください。

Contents

はじめに　2

第1章　たんぱく質をしっかり、たっぷり

梅風味のさっぱり唐揚げ　8
豆腐ハンバーグ
焼きアボカド添え　10
手羽中とポテトのハーブグリル　12
骨付きチキンの
レモンクリーム煮　14
ピーマンのドルマ　16
牛肉とレンコンの
ユズコショウ炒め　18
スペアリブとゴボウの八角煮　20

豚肉とキュウリのカレー炒め　22
グリーンピースと鯛の
フリカッセ　24
イワシのソテー
ミニトマトとラッキョウのソース　26
白身魚とジャガイモのフリット　28
牡蠣のユズオイル漬け　30
焼き鮭のたっぷり鬼おろしがけ　32
メカジキとレンコンの
甜麺醤炒め　34

第2章　大好き！アジアごはん

おからチゲ　38
ヤンニョムチキン　40
キムチとクレソンのチヂミ　42
キンパ
（牛肉とニンジンのお手軽海苔巻き）　44
スジェビ　46
豆腐だれのそうめん　48

鹹豆漿（シェントウジャン）　52
具だくさん酸辣湯（サンラータン）　54
台湾風汁米粉（ビーフン）　56
鶏胸肉の紹興酒蒸し　58
水餃子　60
豆腐とひき肉の蒸しもの　62

第3章　心と体がほっこりする、やさしい味

菜の花入り肉豆腐　68
鴨のしょうゆ漬け　70
ダイコンと豚のとろとろ塩角煮　72
蓮根鶏団子の芹鍋　74
里芋と鶏肉の白みそ煮　76

空也蒸し　77
カリフラワーとヒヨコ豆の
豆乳スープ　78
ひじきの梅煮　79

第 **4** 章　今日はおうちで居酒屋気分

枝豆とチーズの春巻き
厚揚げのザーサイとトマトのせ　82
ポテトハムカツ　84
ワタナベ家のポテトサラダ　86
カボチャのスパイシーコロッケ　88

押し麦のマリネ　90
キドニービーンズとタコの
トマトマリネ　92
砂肝のナンプラー煮　94

第 **5** 章　ごはんアレンジ、いろいろ

サーモンのユズちらし　98
新茶と実山椒の鯛茶漬け　100
枝豆と油揚げの梅ご飯　102
アスパラとアサリの
炊き込みご飯　104
豆のスパイスカレー　106

キノコのヨーグルト
チキンカレー　108
豚ひき肉とトウモロコシの
クミン炒め　110
四海巻き　112
2種の春色おにぎり　116
サツマイモと梅干しのおにぎり　118

第 **6** 章　ようこそ、甘味処マキ庵へ

サツマイモのお汁粉　120
パイナップルとヨーグルトの
アイスキャンディー　121

2種のロックチョコレート　122

料理をする前に
◆計量の単位は小さじ1=5cc、大さじ1=15cc、1カップ=
200ccです。
◆「だし」は昆布と削り節、いりこなどのお好みのもので
だしを取ったものです。「市販の和風だし」を使う場合
は、表示通りに溶いてお使いください。塩分を含んで
いる場合は塩の量を控えてください。
◆温かい料理を盛る器は直前に湯で温めておくとよいです。
◆野菜の「洗う」「皮をむく」や魚の「洗う」などの下処理
の記述は基本的に省略しています。

◆材料表の「適量」はその人にとってちょうどいい量のこ
とです。
◆電子レンジの加熱時間は600Wを目安としています。
500Wの場合は1.2倍に、700Wの場合は0.8倍を目安
に加熱してください。
◆電子レンジ、オーブンで加熱する時間はメーカーや機
種によっても異なりますので、様子を見て加減してくだ
さい。コンロ(ガス、IH)なども同様です。加熱する際は
付属の説明書の使い方を守ってください。

第 **1** 章

たんぱく質を
しっかり、たっぷり

梅風味の さっぱり 唐揚げ

梅干しだけで味が決まる すっぱくて、おいしい！

すっぱくておいしいものといえば梅干しです。実は梅料理のレシピ本を出すほど大好きなんです。梅干しをご飯のお供だけにしておくのはもったいない！調味料としても使えます。どんどん料理に使いましょう。

梅干しの種も捨てずに使います。鶏肉によくもみ込んで、おいておくと肉が軟らかくなります。梅肉は衣のところどころについているので味にメリハリが出ます。

かたくり粉をまぶすのは、揚げる直前に。表面をカリッと仕上げるためです。粉をつけて時間がたつと、衣がしんなりしてしまいます。二度揚げしてキツネ色に仕上げましょう。

> **MEMO**
> 梅は、しっかりとした塩気と酸味があるので、他の調味料を加えなくても唐揚げの味が決まります。大葉でくるむと、よりさっぱりといただけますよ。

材料（4人分）
鶏もも肉	2枚(500g)
梅干し	中3個
かたくり粉	大さじ4
揚げ油	適量
A 卵	1個
A 酒	大さじ2
A 小麦粉	大さじ2

作り方
1. 鶏肉は好みで皮を取り除き、4～5cm角に切る。
2. 梅干しは細かく手でちぎる。種も一緒に使うので捨てずに取っておく。
3. ボウルに**1**、**2**と**A**を加えてよくもみ込む（写真**1**・**2**）。時間があるときは半日ほど漬けておくとよい。
4. 揚げ油を170℃に熱し、梅の種を除いて一切れずつかたくり粉をまぶした**3**（写真**3**）を、軽く色づくまで揚げ、一度取り出す。
5. 油の温度を180℃に上げ、再度**4**をカリッとキツネ色になるまで揚げる。

材料（2人分）

豚ひき肉	150g
木綿豆腐	½丁(150g)
タマネギ	⅓個
芽ひじき（乾燥）	2g
アボカド	1個
しょうゆ	小さじ2
ゴマ油	小さじ2
七味唐辛子	少々
A ショウガ（すりおろし）	1かけ分
卵	½個分
かたくり粉	小さじ2
みそ	小さじ2
酒	小さじ1

作り方

1. 木綿豆腐は水切りをする。豆腐に皿などをのせ、水を入れたカップなど倍の重さの重しをして30分から1時間おく。
2. 芽ひじきはサッと洗い、かぶるくらいの水に8分ほど浸して水気を切る。
3. ボウルに豚ひき肉、1、2と粗みじん切りにしたタマネギ、Aを入れて（写真1）よく混ぜ（写真2・3）、2等分にして小判形に整える。
4. フライパンにゴマ油を入れて中火で熱し、3を入れる。なるべく触らず両面に焼き色をつける。フタをして弱火で7分焼いた後、中火に戻す。
5. 縦二つに割って種を除いたアボカドを、断面を下にして4の空いたところに入れ、一緒に焼く（写真4）。
6. アボカドに焼き目がついたら、しょうゆを全体に回しかける。皿に移し、七味をかける。

シャキシャキ、あっさり ふわふわやわらか

　豆腐をつかった「あっさり系」ハンバーグはいかがでしょう。

　木綿豆腐がつなぎの代わりになりますので、ほかのつなぎは必要ありません。タマネギも炒めずに生のまま混ぜ込み、シャキシャキ感を生かします。手に入れば旬の新タマネギを使いましょう。ふわふわと軟らかでジューシーなハンバーグです。

　豆腐の水切りは「豆腐とひき肉の蒸しもの」（P62）に詳しく紹介しています。ここでしっかり水切りしておくと、後で形が崩れにくくなります。

　芽ひじきの戻し時間は、長ひじきより短めの8分程度で大丈夫。豆腐を入れないハンバーグと同様に、具材はよく練り混ぜます。フライパンの空いたところで付け合わせを焼きましょう。アボカドを半分に割り、そのままの形で焼いて盛りつけます。しょうゆを回しかけ、七味をふれば完成！　焼いたアボカドを崩してソースにして召し上がれ！

> **MEMO**
> ハンバーグを焼くときは表面をしっかりと。崩れやすいので、なるべく触らないようにして火を通します。

第1章 たんぱく質をしっかり、たっぷり

豆腐ハンバーグ
焼きアボカド添え

手羽中とポテトのハーブグリル

材料(2人分)

- 鶏手羽中……………………8〜10本(250g程度)
- ジャガイモ……………………小4個(400g)
- 黒コショウ……………………少々
- A
  - ニンニク(すりおろし)……………小さじ½
  - 好みのドライハーブ………………大さじ1と½
  - 白ワイン……………………………大さじ2
  - オリーブ油…………………………大さじ1
  - 塩……………………………………小さじ1

作り方

1. ジャガイモは皮付きのまま洗ってラップで包み、600Wの電子レンジで約5分加熱する。粗熱が取れたら二つに切る。
2. 鶏肉にAをよくなじませる(写真 **1**・**2**)。
3. 天板にオーブンシートを敷き**1**、**2**を並べる。全体に塩少々(分量外)をふり、予熱した200℃のオーブンで15分焼く。仕上げに黒コショウをふる。

食べ盛りも大満足 オーブンで焼くだけ

ガツンとした食べ応えを求めるなら、やはりお肉。子どもが大好きなポテトも加え、オーブンで焼くだけの簡単料理です。

ドライハーブはお好みで。私は、さわやかな香りが特徴のシソ科のハーブ・オレガノを使いました。ミックスハーブやバジルなども合うと思います。

ハーブはすりおろしたニンニクや白ワインなどとともに、鶏肉によくなじませます。しっかり下味をつけるのがポイント。手でよくもみ込んでください。一晩おいても大丈夫です。

電子レンジで加熱しておいたジャガイモと一緒に、天板に並べます。オーブンで焼く前に塩を、焼き上がった後に黒コショウをふって完成です。

実はこれ、私の高校生の息子にも大好評で、一度に10本食べてしまうことも。ボリュームはあるのに見た目がおしゃれで、おもてなしにもピッタリ。洗いものも少なく片づけが楽、といいことずくめです。たくさん焼いて、思う存分味わってくださいね。

> **MEMO**
> 今回は手羽中を使いましたが、手羽先やもも肉でもOK。お好きな鶏肉の部位を使ってみましょう。

第1章 たんぱく質をしっかり、たっぷり

骨付きチキンのレモンクリーム煮

材料(2人分)

- 鶏骨付きもも肉……………………2本
- タマネギ……………………………½個
- セロリ………………………………⅓本
- セロリの葉…………………………2枚
- ニンニク(つぶす)…………………1かけ
- ローリエ……………………………1枚
- 国産レモンの皮(すりおろし)……少々
- バター………………………………10g
- A
  - バター……………………………10g
  - 生クリーム………………………100cc
  - 塩…………………………………小さじ½
- 白ワイン……………………………100cc
- 小麦粉………………………………大さじ1
- レモン汁……………………………大さじ1
- オリーブ油…………………………小さじ2

作り方

1. 鶏肉は表面の水気をふき、塩少々(分量外)をなじませて小麦粉をはたく。
2. タマネギは縦に薄切りに、セロリは筋を取って斜め薄切りにする。
3. フライパンにニンニク、オリーブ油とバター10gを入れ、中火にかける。香りがたったら1を皮目を下にして入れ、軽く焼き目がつくまで焼く。
4. 裏返して同様に焼き、2を加えてしんなりするまで炒める(写真1)。
5. セロリの葉、ローリエ、白ワインを加え、ひと煮立ちさせる。フタをして弱火で20分ほど煮る。
6. 中火にしてAを加えてひと煮立ちさせる。軽くとろみがついたら再度弱火にし、レモン汁を加えてなじませる。(写真2)
7. 器に盛り、すりおろしたレモンの皮をふる。

食卓に華やぎを

　我が家の定番、レモンクリーム煮をお教えします。

　ここでは骨付きもも肉をメインの食材にしましたが、唐揚げ用として売られている鶏肉やとんかつ用の豚肉に代えてもOKです。塩で下味をつけ小麦粉をはたきます。

　ここからのポイントは火加減です。皮目を下にしてフライパンに入れ、中火で軽く色がつくまで焼きます。

　裏返したら野菜を加え、しんなりするまで炒めたら、白ワインを加えます。ひと煮立ちさせてからフタをして弱火にし、煮込みます。

　20分ほど煮たら今度は中火に。生クリームとバター、塩を加えてひと煮立ちさせます。軽くとろみがついたらすぐ弱火に。レモン汁を加えて軽く混ぜ、なじませます。

　重く感じがちなクリーム煮ですが、レモンの酸味でさっぱりとして食べやすくなります。お子さんからご年配の方まで、皆さんでどうぞ。

> **MEMO**
> レモン汁を入れたら加熱しすぎないよう注意してください。煮立たせると分離してモロモロになってしまいます。

第1章　たんぱく質をしっかり、たっぷり

ピーマンの ドルマ

材料（2人分）

ピーマン（赤と緑）	合わせて6個
合いびき肉	150g
米	大さじ2
タマネギ	½個
ミディトマト	6個
ニンニク	1かけ
白ワイン	80cc
オリーブ油	小さじ2
カレー粉	小さじ½
塩	小さじ⅓
小麦粉	少々

作り方

1. 米は洗い、かぶるくらいの水に20分浸し水気を切る。
2. ピーマンはヘタ部分を切り落として種を除き、内側に小麦粉をはたく。タマネギとニンニクはみじん切りにする。
3. ボウルにひき肉を入れ、**1**とタマネギ、ニンニク、カレー粉、塩、白ワイン大さじ2を加えてよく混ぜる。
4. ピーマンの8分目まで**3**を詰め（写真**1**）、ミディトマトでフタをする（写真**2**）。
5. フライパンに**4**を並べ、残りの白ワインと水50cc、オリーブ油を回しかけ、塩少々（分量外）をふってフタをし、中火にかける。
6. 煮立ったら弱火にし、20分ほど蒸し煮にする。器に盛り、上からカレー粉（分量外）やあればパセリのみじん切りをふる。

第1章 たんぱく質をしっかり、たっぷり

夏野菜をたっぷり食べよう 冷めてもおいしい！

ドルマはトルコ語で「詰める」という意味です。トルコ風の肉詰め、ピーマンにひき肉とお米を詰めて煮た料理をご紹介します。

ピーマンは、特に肉厚なものでなくても大丈夫。彩りを考えて赤ピーマンも使いましたが、緑だけでもOKです。丸ごと使うと形をきれいに保つことができるので、二つには割りません。ヘタのある上部を切り落として種を取った後、内側に小麦粉をはたきます。

米を加えてよくこねた肉だねを、ピーマンに詰めます。肉がはみ出さないよう、その上にピーマンの切り口と同じくらいの大きさのミディトマトをのせて押さえ、フタにします。トマトの代わりにオリーブをいくつか使うと、味も見た目もちょっと大人っぽくなります。

フライパンに並べ、白ワインや水を加えて煮ていきます。落としブタは必要ありません。煮立ったら20分程度蒸し煮にしましょう。器に盛り、カレー粉をふって完成です。

お米が肉汁を吸って食感が軟らかくなり、腹持ちもよくなります。冷めてもおいしいですよ。

MEMO
ピーマンに肉だねを詰めるときは、後で中の米が膨らむので8分目程度に。

牛肉とレンコンのユズコショウ炒め

15分でできるメインの一皿

　手早くできるメインのおかずとして、頼りになるのはやっぱり炒めものですね。でも、味つけがパターン化してしまうのが悩みの種です。

　ユズコショウは、薬味以外の使い道がわからず「一瓶使い切れない」という声もよく聞きます。ユズコショウのさわやかな辛み、香りを味わい尽くさないなんてもったいない！　炒めものの調味料としてどんどん活用してみては？　あっという間になくなります。すぐに使い切れないときは冷凍庫での保存をおすすめします。

　牛肉にかたくり粉をまぶします。肉のうまみを閉じ込めると同時に調味料を絡みやすくします。レンコンは皮をむかずにそのまま。皮付きのレンコンは香りが違いますので、ぜひお試しください。

　材料を順に炒め、味つけして汁気がなくなるまで炒め合わせれば「大人の炒めもの」のできあがり！　牛肉の代わりに豚肉でもおいしくいただけます。

材料（2人分）
- 牛切り落とし肉……200g
- レンコン……中1節（200g）
- 長ネギ……½本
- ゴマ油……大さじ1
- かたくり粉……小さじ1
- 塩……1つまみ
- A
  - 酒……大さじ½
  - みりん……大さじ½
  - しょうゆ……小さじ1
  - ユズコショウ……小さじ1

作り方
1. 牛肉は塩をなじませ、かたくり粉をまぶす（写真1）。レンコンはよく洗い、皮付きのまま半月の薄切りにし、水にサッとさらす。長ネギは斜め薄切りにする。
2. ボウルにAを合わせておく（写真2）。
3. フライパンにゴマ油を入れ、中火にかける。牛肉を加えてほぐしながら軽く色が変わるまで炒める。
4. レンコンと長ネギを加え、油がなじむまで炒める。2を加え、汁気がなくなるまで炒め合わせる。

> **MEMO**
> 調味料を混ぜるときは、ユズコショウに酒、みりんなどを加えていくのがポイント。混ざりやすくなります。

第1章 たんぱく質をしっかり摂っ

スペアリブとゴボウの八角煮

材料（2人分）
- 豚スペアリブ……………4〜6本（600g）
- ゴボウ………………………………細2本
- タマネギ……………………………½個
- ショウガ（皮付き・薄切り）………1かけ分
- ゴマ油………………………………小さじ1
- 塩……………………………………小さじ⅓
- 糸唐辛子……………………………適量
- A
  - 八角………………………………2個
  - 紹興酒……………………………大さじ3
  - 黒酢（なければ普通の酢）………大さじ2
  - しょうゆ…………………………大さじ1
  - 水…………………………………600cc

作り方
1. ゴボウは皮をこそげ、厚さ1.5cm程度の斜め切りにする。水にサッとさらし、水気を切る。タマネギは縦に薄切りにする。スペアリブは塩で下味をつける。
2. 鍋を中火で熱してゴマ油を入れ、ショウガとスペアリブを加えて（写真1）しっかりと焼き目をつける。
3. 2に1を加えてサッとなじませ、Aを加える（写真2）。ひと煮立ちさせてアクを除き、弱めの中火にして約40分、ときどき混ぜながら煮る。
4. 器に盛り、糸唐辛子をのせる。

時間があるときに 焼き色もごちそう

普段のおかずより時間はかかりますが、ぜひ作っていただきたい煮込み料理です。八角を使ったスペアリブの煮物は圧力鍋がなくても作れますよ。

八角は、トウシキミという木の果実を乾燥させたものです。中国・台湾料理には欠かせないスパイスで肉のくさみ消しなどに使われ、食欲増進効果もあります。

八角は根菜類によく合うので今回は豚スペアリブとゴボウという取り合わせを考えてみました。ゴボウ以外ではレンコンやダイコンでもおいしいです。

スペアリブは表面をしっかり焼いて、肉のうまみを閉じ込めましょう。焼き色も、もちろんごちそうです。ゴボウとタマネギを加えてなじませたら、八角で香りをつけていきます。肉を軟らかくしてくさみ消しにもなる紹興酒、加熱するとまろやかになり肉と相性のいい黒酢も、ここで一緒に加えます。

煮込み時間は約40分。ときどき混ぜながら、じっくり味を含ませてください。

> **MEMO**
> 八角がない場合、代用するなら八角の風味はなくなりますが、同様の効果が得られるシナモンスティックや五香粉などで。

豚肉とキュウリのカレー炒め

材料（2人分）

キュウリ	2本
豚バラ塊肉	200g
ショウガ	1かけ
大葉	10枚
酒	大さじ1
塩	小さじ1
カレー粉	小さじ½
ゴマ油	少々

作り方

1. 豚肉は塩小さじ½をふり、塩の粒がなくなるまでよくすり込む。室温で30分以上おき、幅7〜8mmに切る。
2. キュウリは縦半分に切り、スプーンで種を取り除いてから（写真1）幅7〜8mmの斜め切りにする。ショウガは千切りにする。
3. フライパンにゴマ油を熱し、1をトングで並べ入れ（写真2）、両面に強火でしっかりと焼き色をつけ、火を通す（写真3）。
4. 出てきた脂を軽くふき取り、2を加えてサッと炒め合わせる。酒を加え、汁気がなくなったら残りの塩とカレー粉をふって炒め（写真4）、火を止める。
5. 4を器に盛り、手でちぎった大葉をちらす。

うまく炒めるコツは水分の多い種を取る

夏野菜の代表格といえばキュウリですね。たまには目先を変えて、炒めものにしてみませんか。食欲がわくカレー味に仕上げてみました。

まず、豚の塊肉の表面に塩をすり込み、30分以上おいてから幅7〜8mm程度に切ります。少し厚みがあるほうが食べ応えがあっておいしいです。

「キュウリを炒めると水っぽくなるのでは？」と心配になる方も多いようです。うまく炒めるコツは、水分の多い種を除いておくこと。種の部分は捨てずに、もずくなどと合わせて酢のものに使うといいですね。

それからキュウリは肉をしっかり焼いた後で加え、強火でサッと温める感じで炒めましょう。味つけも、キュウリになるべく塩がつかないように。代わりに豚肉にしっかり味をつけるようにします。

調理してから時間がたつと、どうしても水気が出てきてしまいます。できたて熱々をお召し上がりください！

> **MEMO**
> 豚肉は塊肉がなければ「焼き肉用」を使ってもOK。

グリーンピースと鯛のフリカッセ

材料（2人分）

鯛	2切れ（約160g）
グリーンピース	さやから出したもの100g
新タマネギ（またはタマネギ）	½個
カマンベールチーズ	1パック（100g）
ニンニク（つぶす）	1かけ分
白ワイン	50cc
薄力粉	大さじ1と½
牛乳	150cc
バター	10g
オリーブ油	小さじ2
塩	小さじ½
粗びき黒コショウ	少々

作り方

1. 鯛は塩の半量をふって10分おき、水気をキッチンペーパーでふいて薄力粉をはたく。
2. タマネギは縦に薄切りにする。
3. フライパンにオリーブ油、バターの半量、ニンニクを入れて中火にかける。
4. 香りがたったら**1**を加えて軽く焼き目をつけ、**2**を加えてしんなりする程度に炒める。
5. グリーンピースと白ワインを加えてひと煮立ちさせてフタをし、弱火で4～5分蒸し煮にする（写真**1**）。
6. 牛乳と残りのバター、ちぎったカマンベールチーズを加える（写真**2**）。煮立つ直前で火を止め、残りの塩を加えなじませる。
7. 器に盛り、黒コショウをふる。

第1章 たんぱく質をしっかり、たっぷり

焦がさぬよう白く仕上げて

さわやかな緑色のグリーンピースと旬の鯛を使ってフリカッセを作りましょう。生のグリーンピースは冷凍と違って、甘くて食感がよくておいしいですよ！

フランスの家庭料理であるフリカッセは「白い煮込み」という意味ですので、すべて「白く」なるよう仕上げます。

薄力粉をはたいた鯛は、フライパンで軽く焼き目をつけるだけ。ここでは中まで火を通さなくても大丈夫。タマネギを炒めるのも、しんなりする程度で。焦がさないよう白いままでお願いします。

フリカッセには生クリームを使うレシピもありますが、今回はよりコクととろみを出すためチーズを使いました。蒸し煮の後に加えます。チーズを加えた後は、サッと火を通す感じで。煮立つ直前で火を止めます。チーズが溶けきらず、形が残ったままでも構いません。お魚よりお肉のときは、鶏肉で作るとおいしいですよ。

MEMO

チーズはコクやうまみの強い、カマンベールのような白カビタイプがおすすめ。なければクリームチーズでも代用できます。

イワシのソテー ミニトマトとラッキョウのソース

イワシを酸味でさわやかに

健康にいい青魚は積極的にとりたいですね。イワシのソテーにひと工夫凝らしたソースを合わせました。

イワシは背開きにしてもいいのですが、今回は腹開きに。ウロコを取って頭を落とし、腹側を幅5mmほど切り落としてから内臓をかき出して腹の中を水で洗います。手で開き、中骨（背骨）をゆっくり外すと腹開きのできあがり。最後に水気をしっかりふき取ります。

塩をふって出てきた水気をふいたら薄くかたくり粉をつけ、ゴマ油をひいたフライパンで焼きます。

合わせるソースは、酸味を利かせてさわやかに。私は毎年作っている自家製のラッキョウを活用したのですが、もちろん市販のラッキョウでOK。フレッシュなミニトマトはソテーにピッタリですし、ラッキョウのシャキシャキとした食感もクセになります。

スダチが手に入れば、いただく直前にかけると味が締まり、よりさっぱりといただけます。

材料（2人分）
- イワシ……………………………4匹
- ミニトマト………………………10個
- 甘酢ラッキョウ…………………8個
- スダチ……………………………1個
- しょうゆ………………………大さじ2
- ゴマ油………………………大さじ1と½
- 塩……………………………………少々
- かたくり粉………………………適量

作り方
1. イワシは腹開きにして塩をふり、10分おいて水気をふく。
2. ミニトマトは4等分に切り、甘酢ラッキョウは粗く刻む（写真**1**）。
3. フライパンにゴマ油を入れて中火で熱し、かたくり粉を薄くまぶした**1**を焼く。両面がカリッとするまで3～4分焼き（写真**2**・**3**）、中まで火が通ったら皿に盛る。
4. **2**をバットなどに入れ（写真**4**）、しょうゆを加えてあえ、**3**にかける。スダチを半分に切って添える。

> **MEMO**
> イワシは崩れやすいので、焼くときは何度も触らないよう、片面をしっかり焼いてから裏返すようにしましょう。

第1章 たんぱく質をしっかり、たっぷり

白身魚とジャガイモのフリット

材料(2人分)
白身魚の切り身‥‥‥‥‥‥‥‥‥‥‥‥2切れ
(今回はスズキ)
ジャガイモ‥‥‥‥‥‥‥‥‥‥‥小2個(200g)
小麦粉‥‥‥‥‥‥‥‥‥‥‥‥‥‥‥大さじ3
炭酸水‥‥‥‥‥‥‥‥‥‥‥‥‥‥‥‥50cc
揚げ油‥‥‥‥‥‥‥‥‥‥‥‥‥‥‥‥‥適量

作り方

1 白身魚は1切れを4等分に切る。塩少々(材料外)をふって10分ほどおき、出てきた水気をふく。

2 ジャガイモは皮付きのまま、厚さ1.5cm程度の輪切りにする。水にサッとさらし、水気をふく。

3 フライパンに油を2cmの深さまで入れ、**2**を入れて(写真**1**)から中火にかける。少し色づいてカリッとするまで6〜7分素揚げにし、取り出す。

4 ボウルに小麦粉と炭酸水を合わせ(写真**2**)、粉っぽさが少し残る程度に手早く混ぜる。

5 **1**に分量外の小麦粉を薄くまぶし、**4**をつける。**3**の油を180℃に熱し、カリッとするまで4〜5分揚げる。

炭酸水で作る衣はサクサク食感

お子さんのいるご家庭はどうしても肉料理が多くなりがちです。もっと魚も食べてほしくて白身魚を子どもの大好きなジャガイモと一緒に揚げてみました。

魚は塩をして少しおき、出てきた水気をふいておきます。

揚げるのはジャガイモから。油が冷たいうちから入れ、カリッと素揚げします。ゆっくり火を通すとデンプンが糖化し、甘みが出てくるのです。ほかにもサツマイモやレンコンなど、デンプンの多い野菜は同じようにして揚げるといいですよ。

魚には、衣をつける前に薄く小麦粉をまぶします。こうしておくと、衣がはがれにくくなります。衣は先に作らず、揚げる直前に。粉っぽさが残る程度に手早く混ぜましょう。卵は必要ありません。炭酸水で作ると衣が軽くサクサクになるので、ぜひお試しください。

衣をつけたら、すぐに揚げ油へ。箸で触るとカリッと固まって、気泡が細かくなってきたら揚げ上がりの合図です。

お好みで子どもはトマトケチャップ、大人はレモンと塩をつけてお召し上がりください。

MEMO
今回はスズキを使いましたが、鯛やイカで作ってもおいしくいただけます。

第1章 たんぱく質をしっかり、たっぷり

牡蠣の
ユズオイル
漬け

材料（作りやすい量）
牡蠣……………………………大12個
ユズの搾り汁…………………大さじ1
ユズの皮（千切り）……………¼個分
A ニンニク（つぶす）……………1かけ
　白ワイン………………………100cc
　オリーブ油……………………100cc
塩……………………………小さじ⅓
粗塩（牡蠣の下洗い用）………適量

作り方
1. 牡蠣はたっぷりの粗塩をまぶしてやさしくもみ洗いし（写真1）、2、3回水を替えて洗い流す。
2. 1の水気をキッチンペーパーなどでしっかりふき取る。
3. 鍋に2とA、塩を入れて中火にかける。
4. 煮立ったら弱火にし、途中何度か上下を返しながら、約10分煮て火を止める。ユズの搾り汁（写真2）と皮を加えてなじませる。清潔な保存容器に移し（写真3）、冷蔵庫で約10日間保存可能。

作り置きでおもてなし

　お客様がいらっしゃるときは、おもてなし料理のほかに作り置きの「箸休め」があると安心ですね。我が家の定番、旬の牡蠣とユズで作るオイル漬けは重宝する一品。オイル漬けは食材が空気に触れないので、微生物の繁殖や風味の劣化を防ぐことができるのです。

　牡蠣は昔は、ダイコンおろしで洗うこともありましたが、最近の牡蠣は塩で洗う程度で大丈夫。ただ、粒の大きな粗塩を使ってください。粗い粒が汚れを取って黒ずみますので、何度か水を替えながら洗い流し、水気はしっかりふき取ります。ユズ以外の材料をすべて鍋で煮て、火を止めた後にユズを加えれば完成。冷ましてから冷蔵庫に入れます。冷めてからのほうが味がなじんでおいしく、約10日間保存可能です。残ったユズオイルは、パスタをあえるのに使うとおいしいですよ。

　我が家では年末にこの3倍以上の量を作って、おせちに入れるほかオードブルやおつまみとして楽しみます。

MEMO
保存するときは牡蠣がオイルから出ないように。オイルに完全に浸かっている状態にしてください。

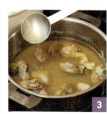

第1章 たんぱく質をしっかり、たっぷり

第1章 たんぱく質をしっかり、たっぷり

焼き鮭の たっぷり 鬼おろしがけ

鬼おろしでダイコンが メインに格上げ！

　和食の定番・焼き鮭に、もっとボリュームを出したい！と考えたのがこのレシピ。ポイントは、なんといっても鬼おろしを使うダイコンです。

　歯の細かい普通のおろし金だと繊維が壊れやすく、ダイコンおろしがフワフワの食感になって水分もたくさん出ます。鬼の歯のようにギザギザしたところから名づけられた鬼おろしは、食材を粗くすりおろすので水分がほとんど出ず、ダイコンのシャキッとした食感が残るのです。

　薬味として扱われがちなダイコンが、鬼おろしでメインの食材に「格上げ」。しっかり味わうことができます。もちろん、早くすりおろせることもうれしいポイントですね。ダイコンを大量消費したいときに使うのもおすすめです。

　ダイコンにミツバやネギを混ぜ、スダチとしょうゆで味をつけると、さっぱりしたあえもののよう。水っぽくならないよう食べる直前に混ぜてください。

材料（2人分）
生鮭	2切れ
ダイコン	200g（5cm程度）
ミツバ	½束
万能ネギ	2本
ショウガ	1かけ
塩	小さじ⅓
A　スダチの搾り汁	大さじ1
しょうゆ	大さじ1

作り方
1. 鮭は塩をふって20分おき、水気をふく。
2. ダイコンは鬼おろしですりおろし（写真❶・❷）、水気を軽く絞ってボウルに入れる。
3. 1を魚焼きグリルで焼く。その間に、ミツバは粗みじん切りに、ネギは小口切りに、ショウガはみじん切りにして2に加える（写真❸）。Aも加えて（写真❹）混ぜる。
4. 焼き鮭を皿にのせ、3の薬味をたっぷりとのせる。好みで白煎りゴマ（材料外）をふる。

> **MEMO**
> スダチは、レモンやユズ、カボスなどほかのかんきつ類に代えてもOK。

メカジキとレンコンの甜麺醤炒め

材料（2人分）

メカジキ	2切れ（200g）
レンコン	中1節（150g）
長ネギ	½本
酒	大さじ2
かたくり粉	大さじ1
ゴマ油	大さじ1
塩	少々
粗びき赤唐辛子	適量
A ショウガ（すりおろし）	1かけ分
A ニンニク（すりおろし）	1かけ分
A 甜麺醤	大さじ2
A しょうゆ	小さじ2

作り方

1 メカジキは、表面の水気をふき、塩をふって3cm角に切る（写真 1・2）。
2 レンコンは、タワシで皮をこすり洗いし、厚さ1cm程度の半月切りにする。長ネギは、幅1cmの斜め切りにする。
3 フライパンにゴマ油を入れて中火で熱し、かたくり粉をまぶした1に焼き目をつける。
4 3を裏返して2を加え、長ネギが軽く透き通るまで炒める。酒をふりフタをして弱火で5分ほど蒸す。
5 中火に戻して合わせたAを加え（写真 3・4）、煮立たせながらサッと絡める。好みで粗びき赤唐辛子をふる。

ご飯がすすむ、満腹おかず

ご飯がすすむおかず、というとつい肉料理を選びがちですが、たんぱく質が豊富なメカジキを使ったおかずを紹介します。

コクと甘みのあるみそ、甜麺醤はホイコーローやマーボー豆腐に欠かせない調味料です。なかなか使いきれず余らせてしまう方に「甜麺醤活用レシピ」としてもおすすめします。

メカジキは淡泊な味わいなので、甜麺醤の濃いめの味つけに相性バッチリ。レンコンを合わせるとボリュームも出て、食べ応えが増します。

メカジキは焼く前に、かたくり粉をまぶしましょう。うまみを閉じ込め、調味料が絡みやすくなります。メカジキに焼き目がついてから、レンコンと長ネギを加えます。炒めた後にフタをして酒で蒸し、火を通します。

甜麺醤などの調味料は仕上げに加え、煮立たせてサッと絡める程度に。レンコンのシャキシャキした食感が楽しく、しっかりした味でお箸が止まりません！

> **MEMO**
> 鮭やサバでもおいしく作れます。

第1章 たんぱく質をしっかり、たっぷり

第 **2** 章

大好き！
アジアごはん

おからチゲ

材料（2人分）
- 豚バラ薄切り肉……………………120g
- タマネギ……………………½個(100g)
- おから………………………………100g
- 熟成キムチ……………………………70g
- 万能ネギ………………………………2本
- ゴマ油………………………………小さじ1
- 粗びき赤唐辛子………………………少々
- A
  - 酒………………………………50cc
  - 煮干しだし……………………500cc
- B
  - ニンニク(すりおろし)………½かけ分
  - ショウガ(すりおろし)………½かけ分
  - コチュジャン…………………小さじ1
  - 粗びき赤唐辛子………………小さじ1
  - しょうゆ………………………大さじ1
  - みりん…………………………大さじ1
  - （あればオリゴ糖）

作り方
1. 豚肉は5cm幅に切る。
2. タマネギは薄切りにし、キムチは粗く刻む。
3. おからは鍋に入れて弱めの中火にかけ、水分がとんでパラパラになるまでから煎りして（写真1）、取り出す。
4. 同じ鍋を軽くふいてゴマ油を入れ、1を焼き目がつくまで炒める。
5. 4に2を加えてサッと炒め（写真2）、Aを加えてひと煮立ちさせアクを取る。
6. 3を加えてなじませ、Bを加えひと煮立ちさせる。フタをして弱めの中火で5分煮て、斜め切りにしたネギをちらし唐辛子をふる。

から煎りで味がしみ込む

韓国で「ビジチゲ」と呼ばれる、とても人気がある定番料理です。私が大好きな食材、「おから」を使ったスープです。

酸味のあるキムチがおすすめです。パッケージに「熟成」の文字があるものを選ぶといいですね。手に入らなければ普通のキムチで構いません。

粗びき赤唐辛子は、できれば辛みがマイルドな韓国唐辛子を使ってください。

本場で使われる甘みはオリゴ糖です。韓国では健康志向から砂糖はあまり使われず、キムチを漬けるときもオリゴ糖を使うようです。今回はみりんにしましたが、あればオリゴ糖を使うと本格的な味わいになります。

おからは一度、から煎りしておくのがポイント。独特の大豆のにおいや生臭さをとばして味をしみ込みやすくします。具材とスープをひと煮立ちさせた後で加えます。

時間がたつと、おからがスープを吸ってとろみが出てきて、また違った味わいに。ご飯にかけてもおいしいです。

MEMO
ヘルシーで栄養豊富、食物繊維もたっぷりのおから。一度に使い切れないときは、から煎りして冷凍しておくと便利です。

ヤンニョムチキン

辛い！でもおいしい!!

日本でもブームになったヤンニョムチキン。韓国にはチキンのお店がたくさんあり、おやつや間食としても食べられています。もちろん、お酒のおつまみにもピッタリ。ご自宅で気軽に作ってみませんか。

韓国のヤンニョムチキンには鶏のいろいろな部位が入っていますので、今回はもも肉と胸肉をミックスして使います。ジューシーなもも肉とあっさりした胸肉。二つを合わせて作ると味わいに変化が出て、飽きずにいただけます。

まぶす粉も小麦粉とかたくり粉の2種類を用意し、混ぜて使います。小麦粉のカリッとした食感と、かたくり粉のモチッとした食感。両方使って「いいとこ取り」をしましょう。ポイントになるのは、やっぱりタレ。コチュジャンベースにケチャップを加えて「甘辛ダレ」に仕上げます。フライパンで煮詰めてから、揚げた鶏肉にしっかり絡めます。

MEMO
ちなみに韓国で使われる小麦粉は、ほとんどが中力粉のようです。添える大葉をエゴマの葉に代えれば、より本場の味に近づけます。

材料（3人分）
- 鶏もも肉 …………………… 1枚(200g)
- 鶏胸肉(皮なし) …………… 1枚(200g)
- 塩 …………………………… 少々
- コショウ …………………… 少々
- 揚げ油 ……………………… 適量
- 大葉 ………………………… 適量
- A
  - 小麦粉 …………………… 大さじ2
  - かたくり粉 ……………… 大さじ2
- B
  - トマトケチャップ ……… 大さじ3
  - ニンニク(すりおろし) … 1かけ分
  - ショウガ(すりおろし) … 1かけ分
  - しょうゆ ………………… 大さじ1
  - 酒 ………………………… 大さじ1
  - コチュジャン …………… 小さじ2/3
  - 塩 ………………………… 小さじ1/3

作り方
1. 鶏もも肉、鶏胸肉は余分な脂を取り除き、3cm角に切る。塩とコショウをふり、合わせたAをまぶす（写真1）。
2. 揚げ油を170℃に熱し、1を薄く色づくまで3～4分揚げる。
3. フライパンにBを入れて火にかけ、混ぜながら煮立ったら30秒ほど煮詰める。2を加え、木ベラで混ぜながら絡める（写真2）。
4. 3を器に盛って大葉を添え、好みで白煎りゴマ（材料外）をふる。

第2章 大好き！アジアごはん

キムチとクレソンのチヂミ

多めの油で両面カリッと

韓国の漬物・キムチを使ってチヂミを作りましょう。

キムチを入れた丸い形と、クレソンを切らずにそのままの形で焼くものと2種類のチヂミを作ります。クレソンはセリやミツバでも代用可能です。フライパンに入らなければ切ってください。小麦粉は薄力粉でOK。サクッとした食感になる薄力粉と、モチモチして具材がくっつきやすくなる、かたくり粉。両方用意して混ぜて使ってください。

キムチのチヂミは、フライパンにお玉1杯分ずつ広げて焼くと4、5枚できるはず。クレソンはフライ返しなどで押さえつけて平らにしながら、パリッと焼いていきます。いずれも生地は薄くして、多めの油で両面カリッと焼くのがポイントです。

簡単ですが、クセになるおいしさ。酢じょうゆでいただくのがおすすめです。

材料（2人分）

キムチ	70g
長ネギ	½本
クレソン	1束(50g)
ゴマ油	大さじ2
小麦粉	小さじ2

A
卵	1個
小麦粉	大さじ2
かたくり粉	大さじ1
塩	少々
水	大さじ1

B
小麦粉	大さじ2
かたくり粉	小さじ1
塩	少々
水	大さじ2

作り方

1 キムチはざく切りに、長ネギは斜め薄切りにする。
2 ボウルに **A** をよく混ぜ、**1** を加えてさらに混ぜる。
3 フライパンに大さじ1のゴマ油を入れて中火で温め、**2** をお玉1杯分広げてなるべく触らず両面をこんがり焼き色がつくまで焼く。同様に4、5枚焼く（写真**1**）。
4 別のボウルに **B** を合わせる。ふるった小麦粉をクレソンに薄くまぶし、全体に **B** をくぐらせる（写真**2**）。残りのゴマ油を入れたフライパンを **3** と同様に中火で温め、クレソンが平らになるように押さえながら両面をカリッと焼く。

> **MEMO**
> 韓国には肉や野菜などに小麦粉と溶き卵をつけて焼く、ピカタのような「ジョン」があります。ジョンはハレの日の食べもの。チヂミは、もっとカジュアルなおかず、お総菜のイメージです。

キンパ
（牛肉とニンジンのお手軽海苔巻き）

元気モリモリ即効レシピ

お出かけの前にちょっとつまめる海苔巻きです。手軽に炭水化物とたんぱく質がとれますし、栄養バランスも抜群です。パワーが出る「勝負飯」的なメニューをイメージしました。

日本の巻きずしは酢飯ですが、これは韓国のキムパプ風。ご飯の味つけはゴマ油と塩で。

オーブンシートに海苔を置き、巻きすを使わず手で巻いていきます。全形の海苔を半分に切って使うと巻きやすいです。海苔を縦長におき、奥のほうを2cmほど空けてご飯をのせるのがコツ。巻いている途中で具がはみ出したら、指で中に押し込むようにします。

オーブンシートに包んだままで持って出かけられますし、慣れればおにぎりを作るより手軽。具材もカニかまやツナなど、お好みのものに代えてお楽しみください。

材料（2人分）
- 牛切り落とし肉　……………………80g
- ニンジン　………………………½本（70g）
- 大葉　…………………………………8枚
- ご飯　………………………茶わん2杯分（400g）
- 焼き海苔（半切り）　…………………4枚
- ゴマ油　………………………………小さじ2
- 塩　……………………………………小さじ¼
- A　みりん　……………………………大さじ1
- 　　しょうゆ　…………………………大さじ1
- B　ゴマ油　……………………………小さじ1
- 　　塩　…………………………………小さじ¼

作り方

1. ニンジンは細切りにして耐熱皿に入れ、ラップをかけて電子レンジに入れ、600Wで1分ほど加熱する（写真①）。水気をふき、ゴマ油小さじ1と塩をあえる。
2. フライパンに残りのゴマ油を入れて中火にかける。牛肉を加え、色が変わるまで炒め、Aを加えて汁気がなくなるまで炒める。
3. 熱々のご飯にBを混ぜ、塩味のご飯を作る。オーブンシートに焼き海苔を縦長に1枚置き、ご飯の¼量をのせ、奥を2cmほど空けて平らに薄く広げる。
4. 3の中央に大葉を2枚のせ（写真②）、1、2をのせて手前から手で巻く（写真③・④）。同様に残り3本も巻き、食べやすい大きさに切る。

> **MEMO**
> 具材は牛肉とニンジン、大葉を使いました。ニンジンは電子レンジで加熱、塩とゴマ油で味つけします。牛肉はフライパンを使ってみりんとしょうゆで味つけし、汁気がなくなるまで炒めます。

ツルンとしたのどごし

スジェビは水で練った小麦粉を手でちぎり、スープで煮込んだ韓国風のすいとんです。一口サイズのすいとんはツルンとしたのどごしで食べやすさ抜群。家にあるもので作れるのでかつては買い物に行けない雨の日の料理だったようです。

小麦粉はぜひ中力粉を使ってください。文字通りグルテンの量や弾性が強力粉と薄力粉の中間の粉で「うどん粉」や「地粉」などの名称で売られていることもあります。強力粉だけでは生地が硬くなり、薄力粉だけだと軟らかすぎます。中力粉がない場合は、強力粉と薄力粉を1対1の割合で混ぜて使ってください。粉を水と混ぜるときは、水は足しすぎないように。こねているうちに手につかなくなるので、心配なく。

生地を冷蔵庫で休ませている間に、スープを作ります。煮干しで取っただしがおすすめですが、なければカツオだしで構いません。具材はタマネギやジャガイモ、肉類や缶詰のホタテなども合います。

> **MEMO**
> 生地をつまみながら加えるときは、手をぬらしながら作業するとくっつきにくくなります。お試しください。

スジェビ

材料（2人分）

中力粉……………………………………100g
ズッキーニ………………………………¼本
長ネギ……………………………………¼本
さつま揚げ………………………………2枚
塩………………………………………小さじ¼
粗びき赤唐辛子………………………適量
A ┌ 煮干しだし汁……………2と½カップ
　│ 酒…………………………………大さじ1
　│ しょうゆ…………………………小さじ1
　│ 塩………………………………小さじ⅓
　└ ニンニク（つぶす）……………½かけ分

作り方

1 中力粉に塩と水大さじ5を加えて混ぜ、折り込むようにしながらしっかりと手につかなくなるまでこねる（写真**1**）。生地が硬い場合は水大さじ1を足す。生地につやが出てなめらかになったら、ひとまとめにして冷蔵庫で30分〜1時間休ませる。

2 ズッキーニは厚さ5mmの半月切りにする。長ネギは斜め薄切りにする。さつま揚げは厚さ1cmのそぎ切りにする。

3 鍋に**2**と**A**を入れ、中火にかける。煮立ったら**1**を手で一口大につまみながら加え（写真**2**）、浮いてきた状態でさらに2、3分ほど煮る。出てきたアクは取り除く。

4 **3**を器によそい、好みで粗びき赤唐辛子をふる。

豆腐だれの
そうめん

材料（2人分）
そうめん	3束(150g)
絹ごし豆腐	½丁
キュウリ	1本
ミョウガ	2個
塩	小さじ¼
A　だし汁	⅔カップ
しょうゆ	大さじ2
黒酢	大さじ1

作り方
1 キュウリは板ずりして縦に2等分に切り、種を除いて斜めに7～8mm幅に切る（写真 **1**・**2**）。塩をふってしんなりさせ、水気を絞る。
2 ミョウガは薄い小口切りにして水にサッとさらし、水気を切る。
3 ボウルに豆腐を入れ、**A**を加えて泡立て器で混ぜる（写真 **3**）。ザルでこし（写真 **4**）、冷蔵庫で冷やす。
4 そうめんを表示時間通りにゆで、冷水に取ってしっかりと水気を切り、器の中央に盛る。
5 4に3を注ぎ、麺の上に1、2をのせ、好みで黒煎りゴマ（材料外）をふる。

ザルでこし、味に一体感を

　暑くて食欲がないときも冷たい麺類ならのどを通ることありますよね。韓国にも「コンククス」という冷たい豆乳スープに麺を入れた料理があります。豆腐だれでいただくそうめんはいかがでしょう。

　キュウリは切って塩でしんなりさせ、水気を絞ります。種を除くひと手間で味が水っぽくならず食感がよくなります。切って水にさらしたミョウガも水気をきっておきます。

　豆腐は表面をペーパータオルでふくだけ。だし汁などと一緒にボウルに入れ、泡立て器で形がなくなるまで崩します。必ず一度、ザルでこしてください。この手間を省くとボソボソとした口当たりになり、なめらかさや味の一体感が損なわれます。豆腐だれを冷蔵庫で冷やしてから、そうめんをゆでます。ゆで上がったら冷水でこすり洗いをするようにして締めます。水気をしっかり切ることも忘れずに。器の中央に盛り、周りに豆腐だれを注ぎます。

　豆腐でたんぱく質をしっかり補給しましょう。

> **MEMO**
> ボリュームを出したいならハムやチャーシューを加えてもOKです。

第2章 大好き！アジアごはん

鹹豆漿
シェントウジャン

泡立たせながら豆乳を注ぐ

　台湾で定番の朝ごはんを紹介します。温かい豆乳にザーサイやラー油、酢などを加えたやさしいスープです。本場ではエビの塩漬けを使いますが、今回は日本でも入手しやすいナンプラーを使います。

　豆乳を温めるときは沸騰させないようにしてください。沸騰直前で火を止めるのがポイントです。器に注ぐときはなるべく高い位置から注ぎましょう。泡立つくらいがちょうどよく、黒酢とよく混ざります。酢の成分が反応しておぼろ豆腐のような食感になるんですよ。酢は黒酢がおすすめです。味わいがやわらかくまろやかな仕上がりになります。

　台湾へ旅したとき、朝、街角で出勤途中の人たちが鹹豆漿を食べている姿をよく見かけました。揚げパンに浸して食べる人も多かった。忙しい朝に栄養たっぷりのスープがあると一日を元気にスタートできますね。材料もいたってシンプルです。ぜひお試しください。

材料（2〜3人分）
- 豆乳（無調整）……………………3カップ
- ザーサイ（塩漬け）………………………40g
- 香菜………………………………………10g
- ラー油……………………………………少々
- 干しアミエビ……………………………10g
- （または桜エビ素干し）
- A 黒酢……………………………………大さじ2
- 　ナンプラー……………………小さじ1と½
- 　ゴマ油…………………………………小さじ2

作り方
1. ザーサイは薄切りにしてボウルに入れ、かぶるくらいの水を注いで7分ほど浸し、塩抜きをする。水気を切り、粗みじん切りにする。
2. 人数分の器に1とAを等分に入れる（写真1）。
3. 豆乳を鍋に入れ、中火にかけ、煮立つ直前まで温め、高い位置から2に注ぎ（写真2）、ひと混ぜする。ざく切りにした香菜をのせ、好みでラー油をかける。

> **MEMO**
> 塩漬けのザーサイがない場合は、瓶詰などの味つきザーサイを使ってもOK。その場合は、塩抜きの工程を省略してください。

第2章　大好き！アジアごはん

具だくさん
酸辣湯（サンラータン）

ほどよい酸味と辛みが
クセになる！

ちょっと大人向けに、酸味と辛みがおいしい中華スープ、酸辣湯を作ってみました。寒い季節、とろみで温まるスープはいかがでしょうか。

エノキとタケノコ、長ネギは火の通りが均一になるよう、だいたい同じくらいの大きさにそろえて切っておきます。細切りにした豚肉は塩で下味をつけてから、かたくり粉をまぶします。肉が軟らかくなり、とろみがついて食べやすくなります。炒めるのは豚肉から先に。後で加えるエノキなどは、サッと炒める程度にします。

味つけのかなめとなる酢は、ぜひまろやかな黒酢をお使いください。米酢などほかの酢を使う場合は、量を少し控えめにするとよいでしょう。

「すっぱ辛い！」がクセになる具だくさんのスープは、夕食はもちろん夜食にもおすすめ。麺やご飯にかけてもおいしくいただけます。

材料（2人分）

豚ロース薄切り肉	150g
エノキダケ	小1パック（50g）
水煮タケノコ	150g
長ネギ	1/3本
卵	2個
コショウ	適量
ラー油	適量
A ショウガ（千切り）	1かけ分
A トウバンジャン	小さじ1/2
A ゴマ油	小さじ1
B 酒	大さじ2
B 水	500cc
C 黒酢	大さじ1
C しょうゆ	大さじ1
C 塩	小さじ1/2
D かたくり粉	大さじ1
D 水	大さじ2

作り方

1. エノキダケは石突きを除き、長さ3cmに切る。タケノコは細切りにする。穂先は放射状に薄切りにする。長ネギは斜め薄切りにする。
2. 豚肉は細切りにして塩1つまみ（分量外）をふり、薄くかたくり粉（分量外）をまぶす。
3. 鍋を中火で熱して**A**を入れ、香りがたったら**2**を加えて炒める（写真**1**）。
4. 豚肉の色が変わったら**1**を加えてサッと炒め（写真**2**）、**B**を加える。アクを取り除きながらひと煮立ちさせる。
5. 弱火にし、フタをして約6分煮る。**C**を加えて味を調える。溶き卵を加えて混ぜ、半熟になったら**D**の水溶きかたくり粉を加えて混ぜ、沸騰してとろみがついたら火を止める。
6. 器に盛り、コショウと好みでラー油を加える。あれば白ごま（材料外）をふる。

> **MEMO**
> 味つけの後は、沸騰させすぎないよう注意。ツンとした酢の香りだけをとばすよう、加熱は短時間にとどめます。

第2章 大好き！アジアごはん

台湾風汁米粉（ビーフン）

消化にいいあったか麺

材料（2人分）
- 豚ロース薄切り肉……150g
- チンゲンサイ……2株
- モヤシ……1袋
- ビーフン……100g（乾燥）
- ショウガ（皮付き薄切り）……1かけ分
- ニンニク（みじん切り）……1かけ分
- しょうゆ……大さじ1
- 酒……大さじ1
- ゴマ油……小さじ2
- 塩……小さじ½
- A
  - 煮干し……大4本
  - 昆布（5cm角）……1枚
  - 水……1ℓ
- B
  - みりん……大さじ1
  - しょうゆ……大さじ½

作り方
1. スープを作る。鍋にAを入れて20分おき、弱めの中火にかける。ひと煮立ちしたら煮干しと昆布を取り出す。
2. 豚肉は細切りにして塩少々（分量外）で下味をつける。チンゲンサイは縦四つ割りにする。大きければ縦二つに割った後、長さを半分にする。
3. 1に酒を加え中火にかけ、ひと煮立ちさせる。豚肉を加えてほぐしながら肉の色が変わるまで煮る。アクを取り、網じゃくしなどで肉を取り出す（写真1）。
4. 3にショウガ、しょうゆ、塩を加えて中火にかけ、ひと煮立ちさせる。
5. フライパンにゴマ油とニンニクを入れて中火にかけ、香りがたったら3の豚肉を加えてサッと炒める。Bを加え、汁気がなくなるまで炒める。
6. 別の鍋で湯を沸かし、チンゲンサイとモヤシを1分ゆで、ザルに取る。同じ湯で野菜をゆでた後にビーフンを袋の表示通りにゆでる。ザルで湯をしっかりと切り（写真2）、器に入れ4を注ぐ。5と野菜をのせ、好みで白煎りゴマ（材料外）をふる。

　日本でビーフンといえば汁なしの炒めたものを思い浮かべる方が多いようですが、アジアの各地では汁があるほうが一般的。ビーフンは米の麺ですからヘルシーで、消化がいいのもよいところです。

　今回は、豚の薄切り肉を細く切って使います。このほうがひき肉より食べ応えがあるのでおすすめ。塩少々で下味をつけておきましょう。ここで五香粉（ウーシャンフェン）を使えば台湾風の味つけになります。肉はスープとは別にしっかりと味をつけておくと、あっさりとしたスープとメリハリが出ます。

　スープは、煮干しと昆布のコンビがビーフンによく合います。だしを取った後にショウガやしょうゆ、塩で味つけします。

　次にトッピングを仕上げます。先ほどの豚肉は、下ゆでしてから炒めて味つけを。野菜もサッとゆでておきましょう。

　ゆでたビーフンは、湯をしっかり切ってから器へ。スープを注ぎ、豚肉と野菜をのせればできあがりです。

> **MEMO**
> ビーフンがなければ、そうめんやラーメンでもおいしいですよ。

第2章 大好き！アジアごはん

鶏胸肉の紹興酒蒸し

材料（2人分）

鶏胸肉	1枚（約250g）
香菜の葉と茎	1/3束分（20g）
砂糖	小さじ1
糸唐辛子	適量
香菜の根（縦半分に切る）	2個
ショウガの薄切り（皮付き）	2枚
A 紹興酒	100cc
A ナンプラー	小さじ2
A ゴマ油	小さじ1
A 酢（あれば黒酢）	小さじ1

作り方

1. 鶏肉は厚いところに切り目を入れて開き、厚さを均等にする。皮目にフォークで数カ所穴をあけ（写真❶）、全体に砂糖をよくもみ込む（写真❷・❸）。
2. フライパンに**1**を皮目を下にして入れ、**A**を加える（写真❹）。ナンプラーがなければ、薄口しょうゆでも代用可。フタをして弱めの中火にかけ、フツフツとしてきたら鶏肉を裏返し、フタをして3分加熱する。火を止めてそのまま冷ます。
3. **2**を食べやすく切って器に盛り、ざく切りにした香菜の葉と茎を添え、糸唐辛子をのせる。

アジア風の味つけで

　鶏胸肉をおいしくいただくには「しっとり」仕上げることが肝心です。私の「しっとり」させるテクニックは、肉に砂糖をもみ込むことです。

　砂糖が肉の組織に入り込み、たんぱく質であるコラーゲンと結びつくことで、水分を中に閉じ込めてくれるのです。鶏肉だけでなく、ほかのお肉にも使えるテクニックです。軟らかくジューシーに仕上がりますよ。

　今回は紹興酒を使って、胸肉をシンプルに酒蒸しにしました。紹興酒は香りがよく、うまみも強いのでおすすめです。日本酒で代用する場合は、みりんと半量ずつ使ってください。

　香菜やショウガ、ナンプラーなどと合わせて、アジア風の味つけでいただきます。あとはフライパンに肉と調味料を一緒に入れ、蒸すだけ。火はなるべく弱めのまま調理してください。火を止めた後、フタをしたまま余熱で火を通します。「しっとり」した胸肉を存分に味わってくださいね。

MEMO

香りが強くておいしい香菜の根も捨てずに、縦半分に切って風味づけに使いましょう。

第2章 大好き！アジアごはん

水餃子

材料（15個分）

強力粉	150g
ぬるま湯	90～110cc
豚肩ロース肉（ショウガ焼き用）	100g
ショウガ	1と½かけ
セロリ	1本
塩	小さじ⅓
A 紹興酒	大さじ½
A しょうゆ	小さじ1
A ゴマ油	小さじ1
B ラー油	適量
B 黒酢	適量
B しょうゆ	適量

作り方

1 ボウルに強力粉を入れ、ぬるま湯を少しずつ加えながら手で素早く混ぜる。水分が少ないようなら大さじ1程度足し、ボウルに生地がつかない程度の硬さになったらひとまとめにする。

2 打ち粉（分量外の強力粉）をふった台に1をのせ、全体につやが出てしっとりとなじむまでよくこねる。

3 2をラップで包み、30分ほどおく。

4 生地をねかせている間にあんを作る。セロリはみじん切りにし、塩を加えてしんなりするまでもみ、水分をしっかり絞る。ショウガはすりおろす。

5 豚肉は包丁で粗くたたいてボウルに入れ、4とAを加えて粘りが出るまでよく混ぜる。15等分しておく。

6 3の生地を長さ30cm程度の棒状にのばし、包丁で2cm幅に切って15個にする。手のひらで丸くつぶす。

7 麺棒を使って6の生地を回転させながら、直径10cmほどの円形に1枚ずつのばす。なるべく生地の中央が厚めになるようのばすとよい。

8 7の皮に5のあんをのせ、ひだを作りながら餃子の形に包む。沸騰した湯で約7分ゆでる。ふきこぼれそうになったら、差し水をしてゆでていく。

9 器に盛り、好みで合わせたBなどをつけていただく。

休日は皮から手作りに挑戦！

シンプルな具材の水餃子をご紹介します。休日など、時間があれば、餃子の皮から作ってみるのはいかがでしょう。

まずは皮から。小麦粉はモチモチとした食感になる強力粉を使います。ぬるま湯でこねるとグルテンが形成され、生地にコシが出てのびやすくなります。

ぬるま湯は少しずつ加えるのが失敗しないコツ。手にベタベタついて生地がまとまらないときは入れすぎです。パサパサした感じで水が足りない？と思う程度でOK。ねかせている間に軟らかくなじんできます。打ち粉も強力粉を使います。

生地をねかせている間に、あんを作ります。セロリの水分はしっかり絞りましょう。豚肉は肉の食感やうまみが味わえる肩ロース肉（ショウガ焼き用など）を粗くたたいて使います。粘りが出るまで混ぜてください。

いよいよ皮の成形、そして包む作業です。皮は中央を厚めに、縁を薄くのばすと包みやすくなります。鍋の湯を常に煮立たせた状態にして、ふきこぼれそうになったら差し水をしてゆでていきます。

「焼き餃子派」なら、ゆでずに焼いて楽しみましょう！

MEMO

皮はのびるので、あんをパンパンに詰めて大丈夫。

第2章　大好き！アジアごはん

61

豆腐と
ひき肉の蒸しもの

ふわふわ、熱々で体がポカポカに

豆腐料理の定番にしていただきたいレシピをご紹介します。中華ではおなじみの、豆腐の蒸しものです。

豆腐は今回、2人分で½丁用意しました。水切りの「倍の重し」とは、豆腐の倍の重量を上にのせて水切りするということ。例えば1丁使うなら、600～700g程度の重しが必要です。キッチンペーパーにくるんだ豆腐の上に平らなバットをのせ、その上に置くもので重さを調節してください。

ボウルに豆腐とひき肉などの具材を入れて手で混ぜますが、ハンバーグを作るときのようにしっかり練るのではなく、よく混ぜる程度で大丈夫です。耐熱の器に平らに広げ、蒸し器へ。蒸している間に取っておいた戻し汁を使って、あんを作ります。

ショウガの利いたふわふわの豆腐と熱々のあんを一緒にいただけば、体はポカポカに。

材料（2人分）
- 木綿豆腐 …………………………… ½丁
- 豚ひき肉 …………………………… 150g
- タマネギ …………………………… ½個
- 干しシイタケ ……………………… 2枚
- 万能ネギ …………………………… 2本
- ユズの皮 …………………………… 少々
- ゴマ油 ……………………………… 少々
- A
  - ショウガ（すりおろし） ……… 1かけ分
  - 酒 ……………………………… 大さじ1
  - しょうゆ ……………………… 大さじ1
  - 塩 ……………………………… 少々
- B
  - 干しシイタケの戻し汁 ………… 100cc
  - みりん ………………………… 小さじ2
  - 薄口しょうゆ ………………… 小さじ2
  - かたくり粉 …………………… 小さじ2

作り方

1. 干しシイタケは200ccのぬるま湯に浸して半日ほどおき、ゆっくりと戻す（急ぐときはレンジ加熱でもOK・写真**1**）。
2. 豆腐は倍の重しをして1時間おき水切りをする。豆腐の厚みが最初の半分ぐらいになるのが目安。タマネギはみじん切りにする。
3. 1の軸の硬い部分を除いて粗いみじん切りにする。戻し汁は取っておく。
4. ボウルに**2**と干しシイタケ、ひき肉、**A**を入れてよく混ぜる（写真**2**）。
5. 耐熱皿にゴマ油をぬり、**4**を平らに広げる。
6. 蒸気の立った蒸し器に入れて12分ほど蒸して取り出す。
7. 小鍋に**B**を入れて中火にかける。だまにならないように絶えず混ぜながら、煮立たせてとろみをつける。
8. **6**に**7**をかけ、斜め切りにした万能ネギと千切りにしたユズの皮をちらす。

> **MEMO**
> 干しシイタケは時間をかけて戻すと、うまみが逃げずしっとりした食感に。軸の硬い部分だけ除いて粗みじんに切ります。戻し汁は取っておきましょう。

第**3**章

心と体がほっこりする、
やさしい味

菜の花入り肉豆腐

材料（2人分）

- 牛切り落とし肉 …………………………… 150g
- 焼き豆腐 …………………………… 1丁（300g）
- 長ネギ …………………………… ½本
- 菜の花 …………………………… 1束（200g）
- 七味唐辛子 …………………………… 少々
- A
  - だし汁 …………………………… 250cc
  - 酒 …………………………… 大さじ1（150cc）
  - みりん …………………………… 大さじ2
  - 砂糖 …………………………… 小さじ1
- B
  - しょうゆ …………………………… 大さじ1
  - 塩 …………………………… 小さじ½

作り方

1. 牛肉は沸騰した湯でさっとゆで、ザルに取り水気をふいておく。
2. 長ネギは2等分して5cm長さに切る。焼き豆腐は4等分に切っておく。
3. 菜の花は根元を少し切り落とし、根元が太ければ縦半分に切る。耐熱皿に入れてふんわりとラップをし、電子レンジで1分半加熱する。冷水に取り、水気をふいて、食べやすい長さに切っておく。
4. 鍋に**A**と**2**を入れ中火にかける。煮たったらふたをして弱めの中火で8分煮る。
5. **4**に**1**と**B**を加えてほぐし（写真❶）、フタをしてさらに8分煮る。最後に**3**を入れてさっと煮る（写真❷）。皿に盛り付け、七味唐辛子をふる。

目にも鮮やか 旬をたのしむ

第3章　心と体がほっこりする、やさしい味

家でも居酒屋でも季節を選ばず人気の肉豆腐。2月から春先までが旬の菜の花を加えると、いつもの肉豆腐に春らしさが加わり、彩りの美しい一品になります。

菜の花は葉だけでなく、花も茎もおいしく食べられます。花が開いていないもので、切り口が新鮮なものを選びましょう。ゆで加減がむずかしいと敬遠される方がいますが、大丈夫です。今回は電子レンジを使います（ゆでる場合は「サーモンのユズちらし」[P98]を参照）。

準備も簡単。根元を少し切り落とし、根元が太ければ縦半分に切りましょう。耐熱皿に入れてふんわりとラップをし、電子レンジに入れるだけ。火の通りが早いので、忙しいときに味方になってくれる食材です。

食卓が華やぎ、彩り豊かな肉豆腐を是非味わってください。

> **MEMO**
> だし汁は一番だしがおすすめです。

鴨のしょうゆ漬け

材料（作りやすい量）

合鴨ロース塊肉	350〜400g
長ネギ	10cm程度
A 酒	大さじ3
A みりん	大さじ3
A しょうゆ	大さじ3
塩	1つまみ

作り方

1 鴨肉は20分ほどおいて常温に戻し、表面の水気をキッチンペーパーでふく。気になる肉の筋は取り除き、皮目に格子状に細かく切れ目を入れる（写真❶）。

2 小さめのフライパンを中火にかけて1を入れ、皮のほうからこんがりと焼く。裏返して身をサッと焼く。皮を上にして網にのせ、熱湯を回しかけて油抜きをする。

3 2のフライパンをふいてAと2を入れてフタをし、中火にかける。煮立ったら弱火にし、5分ほど煮る。

4 3から肉を取り出してアルミホイルで包み、粗熱が取れるまでおく。

5 3に残った煮汁のアクを取り除き、保存容器に入れる。

6 4の肉汁を捨て、5に漬ける（写真❷）。上下を返しながら、一晩くらい漬けておくとよい。

7 長ネギは長さ5cm程度に切って白髪ネギにし、水にさらして水気をふく。6を薄く切って皿に盛りつけ、白髪ネギを添える。保存容器に残っているタレをかける。

おいしさ深く、アレンジ自在

11月から2月にかけ、手に入りやすい鴨肉を使った、「ごちそう感」のある一品を作ります。私の家では年末に年越しそばに使った後、残りはおせちに詰めていただきます。

鴨は脂が多いので、皮を下にしてフライパンで焼き、余分な脂を落とします。皮はこんがりと、肉は色が変わる程度で大丈夫です。

火を通した肉をアルミホイルで包み、余熱で火を通します。肉を休ませることでしっとりと仕上がります。

チーズをのせてオードブルにしたり、漬け汁とともにご飯にのせるとキジ焼き丼っぽくなります。アレンジは自在です。

MEMO

煮汁は保存容器に入れて漬け汁に。漬け込んだ肉は、上下を返して一晩くらいおくと、味がしみてさらにおいしくなります。ときどき上下を返して漬け込んでおけば1週間程度は保存可能です。

第3章 心と体がほっこりする、やさしい味

ダイコンと豚のとろとろ塩角煮

材料(2人分)

豚肩ロース塊肉……………………400g
ダイコン……………………………1/3本
ショウガ……………………………1かけ
ダイコンの葉………………………適量
酒……………………………………100cc
ゴマ油………………………………小さじ2
塩……………………………………小さじ1

作り方

1. 豚肉は室温に戻し、塩をしっかりとすり込む。ラップで包み半日ほどおく(一晩でもよい)。
2. フライパンにゴマ油を入れて熱し、ラップを外した1を全面焼く。余分な脂が出てきたらふき取る。
3. 2を鍋に入れ、水700ccと皮付きのまま薄切りにしたショウガ、酒を加えて中火にかける(写真1)。煮立ったらアクを取り除いてフタをし、弱火で約40分煮る。
4. ダイコンは2cmの厚さに切って皮をむき、半月切りにして面取りする。耐熱皿にのせてラップをし、600Wの電子レンジで6分ほど加熱する(写真2)。
5. 4を3に加え、落としブタをしてさらに20分ほど煮る。仕上げに食べやすい長さに切ったダイコンの葉を加えてサッと煮る。
6. 豚肉は取り出して食べやすい大きさに切る。器に豚肉、ダイコン、ダイコンの葉を盛りつけ、煮汁をかける。

煮物を短時間で、軟らかく

いつもの豚の角煮はしょうゆと砂糖をたくさん使いますが、塩味の豚の角煮はどちらも使わず、電子レンジも活用し、より短時間で作ります。

豚肉は塊のまま煮込むと、うまみが逃げ出さずしっとりと仕上がります。

塩をすり込んだ後は、ラップに包んで半日ほどおきます。中まで塩が入ってうまみが引き出されます。一晩でも構いませんが、それ以上は塩が入りすぎてしまうのでおすすめできません。

仕上げに入れるダイコンの葉がなければ、小松菜などの青菜でも大丈夫。あると彩りが美しくなります。

ホロホロと崩れそうなほど軟らかくなった角煮の味は格別ですよ。

MEMO

塊肉は必ず、室温に戻してから調理します。冷たいままでは塩が浸透しにくく、肉が締まりすぎてしまいます。

第3章 心と体がほっこりする、やさしい味……

蓮根鶏団子の芹鍋

葉だけでなく、根のうまみも

私は芹が大好きです。旬の芹は根もおいしいので捨てずにしっかりいただきたいですね。メインは鶏団子。蓮根は1cm角に切ると食感がよく、このサイズを守ることがポイントです。ひき肉は白っぽくなって粘りが出るまでしっかり混ぜ、それから蓮根と合わせます。

鍋に入れるときは、2本のスプーンを使ってみてください。スプーンを1本ずつ両手に持ち、右のスプーンですくったタネを左のスプーンで形を整えながら鍋に入れて。また右ですくって……と何度か繰り返しましょう。ラグビーボールのような楕円形で、食べ応えのある鶏団子のできあがりです。芹は最後に加え、余熱で火を通します。

シンプルであっさりした鍋を味わった後は、豆乳でクリーミーに味変しましょう。豆乳はうどんを煮込んだ後に加え、煮立てないようにします。煮立てると分離して口当たりが悪くなってしまいます。麺はそうめんに代えても合います。アレンジしてお楽しみください。

材料（2人分）
鶏ももひき肉	200g
蓮根	小1節（約120g）
長ネギ	½本
サツマイモ	⅓本（約150g）
芹	1束（約150g）
昆布	3cm角1枚
酒	50cc
A 溶き卵	大さじ1
A かたくり粉	小さじ1
A 酒	小さじ1
A しょうゆ	小さじ1
A 塩	小さじ⅓
B しょうゆ	小さじ2
B 塩	小さじ⅓

作り方
1. 鍋に昆布と酒、水500ccを入れて20分ほどおき、火にかける。煮立つ直前に昆布を取り出す。
2. 蓮根は皮付きのまま1cm角に切り、サッと水にさらして水気をふく。サツマイモは幅2cmの半月切りにする。
3. 鶏ひき肉をボウルに入れ、粗みじんに切った長ネギとAを加える。粘りが出るまでよく混ぜ、2の蓮根を加えて混ぜる（写真1）。
4. 1にサツマイモを入れ、3をスプーンですくい形を整えながら加える（写真2）。アクを除き全体に火が通るまで煮る。
5. Bを加えて混ぜ、食べやすく切った芹を加えて火を止め、好みで白煎りゴマ（材料外）をふる。

MEMO
具材はお好みでキノコ類を足すのもよさそうです。

《締めの味変》

材料
冷凍うどん	1玉
豆乳	100cc

（調製または無調整。好みで）

作り方
鍋に残った具材を取り出し、残ったスープに凍ったままのうどん玉を加える。スープがひたひたより少なければ水を足す。煮立ったら弱火にしてフタをし、4分程度煮込む。豆乳を加え、煮立つ直前で火を止める。塩（分量外）や白すりゴマ（材料外）で味を調整する。

里芋と鶏肉の白みそ煮

根菜で体も心もぽかぽかに

「体を温める食材」といえば根菜です。秋から冬が旬の里芋を主役にした煮物はいかがでしょう。具材はたったの二つ。ホクホクねっとりした里芋に、白みそのやさしい甘さがマッチした一品です。

里芋は縦に厚めに皮をむくと口当たりがよくなります。大きければ二つ（特大サイズなら三つ）に切りましょう。小さく切りすぎると煮崩れます。ゴロンと大きめに切るのが食べ応えもあっておすすめです。

煮物のときは、里芋は塩でもみ洗いしてから下ゆでします。ダブルで「ぬめり取り」をしておくと味がしみ込みやすくなり、煮汁が濁るのを防げます。だしはお好みですが、カツオと昆布の合わせだしがおすすめ。

白みそはこうじの割合が高く甘口のみそで色も味も上品に仕上がります。仕上げに加えるしょうゆは薄口で。

MEMO
煮ている間はなるべく菜箸などは使わず、鍋を揺する感じで動かしてください。中をかき混ぜないのが煮崩れを防ぐポイントです。

材料（2人分）

里芋	大4個（350g）
鶏もも肉	1枚（250g）
A だし汁	400cc
A 酒	大さじ2
A みりん	大さじ2
白みそ	大さじ2
かたくり粉	大さじ1
薄口しょうゆ	小さじ2
塩（洗い、下味用）	適量

作り方

1 里芋は皮をむいて大きければ2〜3等分に切り、塩でもみ洗いする。ぬめりが出たら2、3回水を替えて洗い流す。鶏肉は食べやすい大きさに切り、塩少々をなじませてかたくり粉をはたく。

2 鍋に里芋とかぶるくらいの水を入れ、中火にかける。煮立ったら弱めの中火で10分ゆで、ザルに上げる。

3 別の鍋にA、2を入れ中火にかける。煮立ったら鶏肉を加えてひと煮立ちさせ、フタをして弱火で8分煮る。

4 みそを溶き入れ、フタをして弱火でさらに5分煮る。

5 薄口しょうゆを加え、味を調える。

第3章 心と体がほっこりする、やさしい味

空也蒸し

口当たりやわらか
食欲がないときにも

空也蒸しは豆腐と野菜、キノコをだしと味つけした卵液で蒸した料理です。温かく、軟らかい口当たりですので食欲があまりないときにもおすすめです。

器に具材を入れ、卵入りのだしを注ぐとき、だしの表面に気泡ができたままにしておくと、蒸した後に表面が凸凹になってしまい美しく仕上がりません。できれば蒸し器に入れる前に、つぶしておきましょう。柄の長い着火ライターなどを使って火を気泡に近づけると簡単につぶせます。

子どもの頃、風邪を引いたときに母が作ってくれた豆腐入りの茶わん蒸しに似た、やさしい味わいです。

MEMO

1人分ずつ別の器で作ることもできます。その場合は蒸し時間を強火で1分、弱火で12分にしてください。

材料（4人分）

絹ごし豆腐	½丁（100g）
シメジ	½パック
絹サヤ	4枚
卵	2個
だし汁	300cc
酒	小さじ1
薄口しょうゆ	小さじ2

作り方

1 シメジは石突きを切り、ほぐす。絹サヤは筋を取り除く。

2 ボウルに卵を割りほぐし、だし汁と合わせて混ぜる。ザルでこしてなめらかにし、酒と薄口しょうゆを加えて混ぜる。

3 豆腐は水気を軽くふき、4等分に切って深さのある耐熱の器に入れる。1を加え2を注ぐ。

4 蒸気の立った蒸し器に3を入れ強火で3分、その後弱火にして15分ほど蒸す。卵液に竹串を刺して透明な液体が出ればOK。濁った液体が出るようならまだ固まりきれていないので、さらに2～3分弱火で蒸す。好みで白煎りゴマ（材料外）をちらす。

カリフラワーとヒヨコ豆の豆乳スープ

夜食になるスープ

夜に小腹が空いたとき、ちょっとした夜食があるといいですね。夜食なので、おなかに負担がかからないレシピを考えました。鶏肉や豆、豆乳を使った、たんぱく質たっぷりのスープです。

豆乳ではなく牛乳を使ってもいいのですが、今回はよりヘルシーになるよう豆乳にしました。

豆乳を加えるのは最後にし、煮立つ直前で火を止めます。豆乳は煮立たせると、豆乳のたんぱく質が分離して「もろもろ」ができてしまうので注意してください。

遅い時間に口にするものは、あまり脂っこくないほうがいいですね。炭水化物はとりすぎると眠くなるので、食べた後も勉強するのであれば控えめに。

MEMO

鶏肉の皮は、気になる方は取り除いてください。セロリの葉はあれば適量を細かく刻んで、捨てずに使いましょう。

材料(2人分)

鶏もも肉　大½枚(200g)
カリフラワー　¼株
セロリ　½本(80g)
タマネギ　½個(100g)
ヒヨコ豆(ゆでたもの)　50g
パセリ(みじん切り)　適量
バター　8g
豆乳　360cc
白ワイン　大さじ2
オリーブ油　小さじ1
塩　小さじ½
粗びき黒コショウ　少々

作り方

1 鶏もも肉は好みで皮を除き、2cm角に切り、塩少々(分量外)をふる。

2 カリフラワー、筋を取ったセロリ、タマネギをそれぞれ1.5cm角に切る。

3 鍋を中火で熱して油を入れ、1を軽く焼き目がつくまで焼く。2とヒヨコ豆を加え、タマネギが透き通るまで炒める。

4 3に白ワインと水100ccを加え、ひと煮立ちさせてアクを取る。弱火にしてフタをし、約10分煮る。

5 4にバター、塩、豆乳を順に加え、煮立つ直前で火を止める。器に盛り、パセリと黒コショウをふる。

第3章　心と体がほっこりする、やさしい味

ひじきの梅煮

梅干しを加え、さっぱりと

　定番のひじきの煮物に、豚肉やさっぱりとした梅干しを加えて、梅雨時期の作り置きにピッタリのおかずにしました。

　野菜はうまみを逃がさないよう、私は下ゆでなしでそのまま使います。一緒に炒めて野菜の味を直接、ひじきにしみ込ませるつもりで。

　ちぎった梅干しは、煮る直前に投入します。種の周りの果肉がおいしいので、ぜひ種も一緒に入れて煮込んでください。完成したら取り除きましょう。

　梅干しを入れているので、普通のひじき煮より日持ちはやや長め。作り置きの場合、脂の多い肉は冷めると食感が悪くなりますが、脂の少ないもも肉を使えば気になりません。冷蔵庫で4日程度は保存可能です。

MEMO

ひじきは、できれば「長ひじき」として売られている茎の部分がおすすめ。しっかりとした歯応えや海藻らしい風味を楽しむことができ、煮物向き。もちろん「芽ひじき」でもおいしくできます。

材料（2人分）

豚もも薄切り肉‥‥‥‥‥‥‥‥‥‥120g
ひじき（乾燥）‥‥‥‥‥‥‥‥‥‥20g
油揚げ‥‥‥‥‥‥‥‥‥‥‥‥‥‥1枚
インゲン‥‥‥‥‥‥‥‥‥‥‥‥‥5本
ニンジン‥‥‥‥‥‥‥‥‥‥‥‥½本
梅干し‥‥‥‥‥‥‥‥‥‥‥‥‥‥2個
ゴマ油‥‥‥‥‥‥‥‥‥‥‥‥小さじ2
しょうゆ‥‥‥‥‥‥‥‥‥‥‥小さじ1
A：だし汁‥‥‥‥‥‥‥‥‥‥‥1カップ
　：酒・みりん‥‥‥‥‥‥‥‥各大さじ1

作り方

1　豚肉は細切りにし、ひじきはさっと洗い水に10分ほど浸して水気を切る。

2　油揚げは熱湯を回しかけて油抜きし、細切りにする。インゲンは斜め薄切り、ニンジンは細切りにする。

3　鍋にゴマ油を入れて中火で熱し、**1**を加えて肉の色が変わるまで炒める。

4　**2**を加えて全体がしんなりするまで炒め、梅干しをちぎって種ごと加える。

5　**A**を加えてひと煮立ちさせてアクを取る。弱めの中火にし、落としブタをして12分ほど煮る。

6　火を強めて水分をとばしながら煮詰め、最後にしょうゆを加えてひと混ぜする。梅干しの種を取り除く。

第 **4** 章

今日はおうちで
居酒屋気分

枝豆とチーズの春巻き
厚揚げのザーサイと
トマトのせ

おうちでビアガーデン！

　家族みんなで楽しめる、おかずとしても使える2品をご紹介します。

　まずは「枝豆とチーズの春巻き」。枝豆は冷凍でOKです。

　半分に切った春巻きの皮を縦長に置き、手前に角切りにしたチーズと枝豆をのせます。中身がはみ出さないようにして手前の左角を右辺に折り上げ、今度は右下の角を上に折り上げ……という具合に三角形になるように包みます。皮の縁に小麦粉で作ったの

りをぬり、しっかりとめます。少なめの油で、キツネ色になるまで揚げればできあがり。

　「厚揚げのザーサイとトマトのせ」のザーサイは市販の瓶詰を使うと手軽です。トマトは種が多ければ少し除きましょう。水っぽくなるのを防げます。細ネギ、ショウガや調味料と合わせ、食べやすく切った焼いた厚揚げの上にたっぷりのせれば完成です。

枝豆とチーズの春巻き

材料（2人分）

枝豆（さや付き・ゆでたもの）	100g
プロセスチーズ	40g
春巻きの皮	5枚
油	適量
粗塩	少々
A 小麦粉	大さじ1
A 水	大さじ1

作り方

1 枝豆は実を取り出して薄皮をむく。プロセスチーズは2cm角に、春巻きの皮5枚は縦半分に切る。Aは合わせておく。

2 春巻きの皮1枚を縦長に置き、手前にチーズ（3〜4個）と枝豆（7〜8粒）をのせる。皮の縁にAをぬり、三角形になるように包んでとめる。同様にして全部で10個作る。

3 フライパンに油を2cm深さほど入れて火にかけ、180℃まで熱する。2を入れ、返しながらキツネ色になるまで揚げる。粗塩をふっていただく。

> **MEMO**
> 枝豆の薄皮はそのままでもいいのですが、食感をよくしたい場合はむきましょう。

厚揚げのザーサイとトマトのせ

材料（2人分）

厚揚げ	1枚
ザーサイ（味つき）	20g
トマト	1個
細ネギ	2本
A 黒酢	小さじ1
A しょうゆ	小さじ1
A ゴマ油	小さじ1
A 白煎りゴマ	少々
A ショウガ（すりおろし）	1かけ分

作り方

1 厚揚げは表面の油をふく。フライパンまたはトースターか魚焼きグリルで、両面に香ばしい焼き色がつくまで焼く。

2 ザーサイは粗く刻み、トマトは2cm角に切る。細ネギは斜め切りにする。

3 ボウルに2とAを入れて合わせる。

4 1を食べやすい大きさに切って皿に盛り、3をたっぷりのせる。

> **MEMO**
> 厚揚げは油をひかずに熱したフライパンで、しっかり焼き色をつけます。トースターで焼いても構いません。

ポテトハムカツ

材料（2人分）
ジャガイモ	大1個(200g)
ハム（厚さ2～3mm）	8枚
大葉	4枚
スライスチーズ	4枚
パン粉	1カップ
小麦粉	大さじ1
揚げ油	適量
A　小麦粉	大さじ4
卵	1個
水	大さじ2

作り方
1. ジャガイモは皮をむき3mmの厚さに切る。
2. 1枚のハムの片面に小麦粉をはたいて**1**を2切れ程度のせ、大葉とスライスチーズを順に1枚ずつのせて上にハムを置き、ハムではさむ形にする（写真**1**・**2**）。スライスチーズがはみ出たら、四隅を内側に折り込む。同様にあと3個作る。
3. **2**の全体に小麦粉をまぶし、合わせた**A**にくぐらせ、（側面も忘れずに）パン粉をまぶす（写真**3**・**4**）。
4. フライパンに2cm深さほどの油を入れて170℃に熱し、**3**をキツネ色になるまで揚げ焼きする。
5. **4**を器に盛り、あればベビーリーフ（材料外）を添える。

何をつけても合います

　居酒屋の人気メニューといえばハムカツ。冷蔵庫にハムがあったら、ジャガイモやチーズをはさんで揚げると、いつものハムカツよりボリュームが出て、立派な夕食の一品になります。

　ハムは厚さ2～3mmのものを使います。薄切りなら2枚重ねるといいですよ。

　ハムとハムの間にジャガイモ、大葉、スライスチーズを重ねてはさみます。ハムは表面がツルツルして衣がはがれやすいので、全体に小麦粉をまぶしてから小麦粉と卵を合わせたバッター液を絡め、パン粉をつけます。側面にもしっかりつければ、衣は途中ではがれません。フライパンで揚げ焼きする際は、なるべく触らずに、キツネ色になるまでカリッと揚げます。

　シャキシャキのジャガイモの食感が楽しく、お子さんも大喜びすること間違いなし！　ソースやケチャップ、しょうゆなど何をつけても合います。お弁当のおかずやパーティーのオードブルにもご活用ください。

> **MEMO**
> ジャガイモは生のまま輪切りに。デンプンで具材をくっつけたいので水洗いはしないでください。

第4章　今日はおうちで居酒屋気分

ヨーグルトでさっぱり

ワタナベ家のポテトサラダ

実は私、ジャガイモ料理だけで本を1冊出しているほどジャガイモが大好き！中でもイチ推しの、我が家の定番ポテトサラダをお教えします。

ジャガイモはできれば、ゆでずに蒸し器で加熱してください。皮付きのまま丸ごと蒸したほうが、水っぽくならずにホクホクに。うまみや栄養分も外に出ないので、自然の甘みやおいしさが凝縮するんです。

味のポイントはヨーグルトです。ヨーグルトとマヨネーズは大さじ1ずつの同量。普通のポテトサラダよりもさっぱりした仕上がりになるので、ポテトサラダの重い感じが苦手な方にも、ぜひ試していただきたいです。もっとあっさりさせたい、と思った方はマヨネーズは使わず、ヨーグルトを大さじ2にするとよいでしょう。

最終的に味を決めるのは、すべての材料をあえた後にします。冷めてからのほうが味がわかりやすいからです。ワタナベ家の軽めのポテサラ、皆さんの定番料理にもぜひ加えてくださいね。

材料（2人分）
- ジャガイモ……中3個（約450g）
- キュウリ……1本
- 薄切りロースハム……4枚
- タマネギ……½個（約100g）
- 塩……小さじ⅔
- 粗びき黒コショウ……少々
- A
  - プレーンヨーグルト……大さじ1
  - マヨネーズ……大さじ1

作り方
1. ジャガイモは皮付きのまま蒸気の上がった蒸し器で強火で20分蒸し、温かいうちにキッチンペーパーなどを使って包むようにして皮をむき、フォークなどで粗くつぶす（写真1）。蒸し器がなければ、皮付きのまま20～30分ゆでる。
2. キュウリは薄切りにして塩をふり、しんなりするまで5分おき、軽くもんで水気を絞る。
3. タマネギは縦に薄切りにし、水に10分さらす。水気をギュッと絞ってキッチンペーパーでふく。
4. ボウルに1、2、3と6等分に切ったハムを入れて、Aを加えてあえ、しっかりとなじませる（写真2）。
5. 塩少々（分量外）と黒コショウで味を調える。

> **MEMO**
> ジャガイモは、後でつぶしやすい男爵がおすすめです。

第4章 今日はおうちで居酒屋気分

ナッツがいいアクセントに

ジャガイモを使ったコロッケは、すでにご家庭で定番化しているかもしれません。これからはぜひ、このカボチャコロッケも加えてください！　スパイスを利かせ、大人も満足できるコロッケにしました。

タネ全体がなじんだら形を整えます。少し冷ましてから作業したほうが、タネが硬くなって扱いやすいです。また、タネが熱いまま揚げると、破裂しやすくなるのでご注意ください。揚げている途中は、あまり触らないようにしましょう。

ご飯のおかずはもちろん、パンにはさんだり、お酒のおつまみにしたり。カボチャの甘さを敬遠していた方にこそ試していただきたい一品です。

MEMO

ナッツはクルミの代わりに家に余っているほかのナッツ類でもおいしく作れます。多めに入れると食感がよく、いいアクセントになります。

材料（3人分）

カボチャ	中¼個（400g）
合いびき肉	100g
タマネギ	½個
クルミ	20g
オリーブ油	小さじ2
パン粉	適量
揚げ油	適量
A　薄力粉	大さじ2
水	大さじ2
B　クミンパウダー	小さじ⅔
ナツメグパウダー	少々
塩	小さじ⅔

作り方

1. カボチャはところどころ皮をむいて3cm角に切り、サッとぬらして耐熱皿にのせる。ふんわりとラップをして600Wの電子レンジで約4分加熱し、温かいうちにフォークなどでつぶす。カボチャが水っぽいようであればラップをせずにさらに1分加熱し、水気をとばす。
2. タマネギは粗みじんに切る。
3. フライパンにオリーブ油を入れて中火にかけ、ひき肉と2を加えて色が変わるまで炒める。Bを加えてさっと炒め合わせる（写真1）。粗熱を取ってから1と一緒にボウルに入れ、合わせる（写真2）。
4. 粗く刻んだクルミを3に加え、全体がなじんだら小判形に整える。
5. 別のバットにAを合わせてバッター液を作る。4をくぐらせ（写真3）、パン粉をまぶす。
6. 180℃の油で、5を3〜4分ほど色づくまで揚げる。
7. 皿に盛り、好みでパセリやくし形切りにしたレモン（ともに材料外）を添える。

第4章 今日はおうちで居酒屋気分

カボチャの
スパイシーコロッケ

押し麦のマリネ

和えて味をなじませるだけ

押し麦を使った食べ応えのある、それだけで主役になるサラダを作ります。お米を野菜として扱うライスサラダは欧米でおなじみですが、その「麦バージョン」です。

大麦を蒸してつぶした押し麦は食物繊維が豊富で、腸内環境を整えるのにピッタリ。腹もちがいいのもうれしいポイントです。普段はご飯に混ぜて炊くことが多いと思いますが、意外と余ってしまいがち。炊くのに飽きたな、という方にはサラダをおすすめします。作り置きも可能です。合わせる野菜もお好みで。サヤエンドウやキュウリも合いますよ。

MEMO
押し麦以外では、キヌアやクスクスでもおいしくできます。

材料（2人分）
- 押し麦（乾燥）……………………30g
- タマネギ……………………………⅓個
- スナップエンドウ…………………5本
- 塩……………………………………小さじ¼
- 粗びき黒コショウ…………………少々
- A
  - アンチョビー（フィレ・みじん切り）……4枚分
  - ニンニク（みじん切り）……………1かけ分
  - パセリ（みじん切り）………………20g
  - オリーブ油……………………………大さじ2
  - レモン汁………………………………大さじ1

作り方
1. 押し麦はサッと洗って鍋に入れ、塩少々（分量外）とかぶるくらいの水を加えて中火にかける。煮立ったら弱めの中火にして15分ほどゆで、火を止める。湯を切って水でサッと洗い（写真1・2・3）、ぬめりを取ってしっかり水気をふく。
2. タマネギはみじん切りにし、水に5分さらして水気をしっかりと切る。ボウルでAと合わせ、混ぜる。
3. スナップエンドウは筋を取り除く。沸騰させた湯に塩と一緒に加え、1分半ほどゆででザルに取り、四つに切る。
4. 2に1、3を加えて混ぜ（写真1）、黒コショウをふる。

第4章 今日はおうちで居酒屋気分

キドニービーンズとタコのトマトマリネ

レモン汁で酸味をキリッと

植物性たんぱく質を含む豆を活用し、キドニービーンズ（インゲン豆）とタコをマリネして、さっぱりした一品に仕上げました。

キドニービーンズは、ゆでたものが袋詰めや缶詰、紙パック入りなどで売られていて、手軽に利用できます。「レッドキドニー」（赤インゲン豆）と書かれた商品もあります。

チリコンカンやタコスなど、中南米で人気の料理によく使われています。見た目は金時豆に似ていますが、金時豆より皮が厚く、煮崩れしにくい特徴があります。スープや煮物などにも重宝しますね。手に入らない場合は大豆やヒヨコ豆で代用しても構いません。赤唐辛子の量はお好みで加減してください。

> **MEMO**
> レモン汁の酸味をキリッと利かせるのがポイント。塩をナンプラーに代えてもおいしくできます。

材料（2人分）

キドニービーンズ（ゆでたもの、缶詰でも可）	50g
ゆでタコ	100g
ミニトマト	10個
タマネギ	1/3個
パセリ（みじん切り）	小さじ1
粗びき黒コショウ	少々
A 赤唐辛子（みじん切り・種を除く）	1/2本分
A ニンニク（みじん切り）	1かけ分
A レモン汁	大さじ1
A オリーブ油	大さじ1
A 塩	小さじ1/2

作り方

1. タコは水洗いして水気をふき、乱切りにする。
2. タマネギは粗みじんに切り（写真1）、水に5分ほどさらして水気をふく。
3. ミニトマトはヘタを除いて四つ割りにし、Aを合わせたボウルに加えて混ぜる。
4. 3に1、2とキドニービーンズを加え、混ぜる（写真2）。器に盛り、パセリとコショウをふる。

第4章　今日はおうちで居酒屋気分

砂肝のナンプラー煮

砂肝の食感をたのしんで

砂肝と聞くと、焼き鳥が一番に頭に浮かびますか？ アヒージョやコンフィでもおなじみですが、今回は蒸し料理に挑戦します。「蒸し活」する人が増えているとか。私も昔から蒸し料理は大好きで、「蒸す」をテーマにしたレシピ本を出すほど好きなんです。この本だと「豆腐とひき肉蒸しもの」（P62）や「空也蒸し」（P77）、「ワタナベ家のポテトサラダ」（P86）で蒸し器が登場しています。蒸し料理は油を使わず、加熱できるのも魅力です。

砂肝はほぼ筋肉でできていて、脂肪分が少ないんです。最近ではスーパーでもよく見かけるようになりました。手に入りやすく、下処理が簡単なのもいいですね。

ポイントは下処理と漬け込み時間です。青白い銀皮は硬いので、そのままだと口当たりが悪くなります。必ず取り除きましょう。下処理した砂肝は少なくても30分は漬けてください。一晩漬けると味がしみ込んで、さらにおいしくなります。砂肝のコリコリとした食感をたのしんでください。

材料（2～3人分）

砂肝	300g
レモン	½個分
香菜	適量
A 酒	大さじ1
みりん	大さじ1
ナンプラー	大さじ1
レモン汁	大さじ1
にんにく（すりおろし）	1かけ分
しょうが（すりおろし）	1かけ分

作り方

1. 砂肝は青白い銀皮と肉の間に包丁で切り込みを入れ、銀皮を引っ張って取り除く。下処理ができたら水洗いする。キッチンペーパーなどで水気をよくふいておく。
2. 耐熱ボウルにAを入れて混ぜ、1を入れる。最低でも30分は漬けておく。
3. せいろにボウルごと2をのせ、蒸気の立った鍋にのせる（写真1）。
4. 強火で10分ほど蒸したら（写真2）、蒸し汁ごと器にとり、レモンとざく切りにした香菜を添える。

> **MEMO**
> 日持ちは冷蔵庫で3日ほど。漬け汁ごと蒸すので、汁にもうまみが出ていておいしいですよ。

第**5**章

ごはんアレンジ、
いろいろ

サーモンの
ユズちらし

材料（3人分）
サーモン（刺し身用さく）	120g
菜の花	½束
イクラしょうゆ漬け	70g
卵	3個
ユズ	中1個
塩	少々
ご飯	2合分
サラダ油	小さじ1
A ユズの搾り汁	大さじ2
米酢	大さじ2
砂糖	大さじ1
塩	小さじ½
B 塩	小さじ¼
砂糖	小さじ⅓

作り方
1 ユズは皮の黄色い部分を包丁で薄くむく（量は適量）。白いわたが残ると苦いので取り除く。千切りにして水にサッとさらし、水気をふく。
2 **A** を合わせておく（写真**1**）。
3 サーモンは水気をふいて2cm角に切り、**2** を大さじ1ほど全体になじませる。
4 菜の花は塩を入れた熱湯で1分ゆでてザルに取り、水気をしっかり絞って長さ2cmに切る。
5 ボウルに卵を溶いて **B** を加えて混ぜ、油をひいた卵焼き器で厚焼き卵を作り、冷ます。冷めたら1.5cm角に切る。
6 熱々のご飯に **2** の残りを入れ、しゃもじで切るように混ぜる。ご飯粒につやが出たら **1** の半量を加えて混ぜる（写真**2**）。粗熱が取れるまでおいておく。
7 皿に **6** を広げて上に **345** をちらし、バランスを見ながらイクラをのせる。上に残りの **1** をちらし、好みで白煎りゴマ（材料外）をふる。

テーブルに華やぎを

テーブルに出すとパッと華やかになる料理、といえばちらしずし！ 我が家の定番です。お祝いごとにもピッタリですね。

一年中よく作りますが、今回はユズの搾り汁や皮を使って旬のさわやかさをプラス。刻んだ皮は半量をすし飯に混ぜ込み、残りはトッピング用にします。

そして、お刺し身やイクラをぜいたくにのせましょう。お刺し身は彩りも考えてサーモンを選びましたが、ほかの白身魚でももちろんOK。菜の花も、手に入らなければサヤエンドウ、生のキュウリなどに代えて大丈夫です。

MEMO
厚焼き卵を作るときは、ふっくらさせる効果のある砂糖を必ず入れましょう。

第5章 ごはんアレンジ、いろいろ

新茶と実山椒の鯛茶漬け

材料（2人分）
鯛（刺し身用さく）	150g
カイワレダイコン	½パック
昆布（長さ20cm）	2枚
ご飯	茶わん2杯分
実山椒（水煮）	小さじ1
薄口しょうゆ	小さじ1
塩	小さじ¼
温かい新茶	適量

作り方
1. 鯛は表面の水気をふき、塩少々（分量外）をふって10分ほどおき、水気をふく。
2. 昆布はさっと水にぬらしてラップで包み、軟らかくなるまでおく。
3. 2の1枚の上に1と実山椒をのせ（写真①）、もう1枚の2をのせてはさむ。根を切ったカイワレダイコンを上にのせ（写真②）、塩をふり、ラップでしっかり二重に包む（写真③）。冷蔵庫に入れて3時間以上おく。
4. 3から鯛とカイワレダイコンを取り出し、鯛を食べやすい厚さにそぎ切りに、カイワレダイコンは長さを半分にする。それぞれ薄口しょうゆを絡める。
5. 茶わんにご飯をよそい、4と実山椒数粒（分量外）をのせる。温かい新茶を注ぎながらいただく（写真④）。

初夏を味わう 新茶でさっぱり

　新茶を使って、さっぱりといただける鯛茶漬けを作ります。初夏にぜひ味わいたい一品です。

　鯛は刺し身用のさくをご用意ください。実山椒は瓶で売られている水煮を使うと便利です。

　昆布締めした鯛は、食べやすいようそぎ切りに。鯛とカイワレをしょうゆで味つけし、ご飯にのせます。使ったあとの昆布は煮物やつくだ煮に再利用も可能です。

　昆布締めでうまみが増した鯛の味わいは、また格別です。新茶の香りと美しい色も最大限に楽しみましょう。

> **MEMO**
> 新茶は沸騰させた湯を60℃程度まで冷ましてから注ぎます。あまり熱い湯でいれると香りがとび、苦みも出てしまいます。

第5章　ごはんアレンジ、いろいろ

枝豆と油揚げの梅ご飯

豆は薄皮までむいて

　初夏にピッタリな一品を。梅干しを使って、さっぱりとした混ぜご飯はいかがでしょうか。

　炊飯に使う調味料は酒のみ。

　枝豆は旬の時期ならさや付きを使うと、味も香りも格別に。ゆでた豆は薄皮までむくと、見た目がきれいで口当たりもよくなります。

　油揚げも、味つけの必要はありません。フライパンに油はひかず、油揚げの表面の油を取ったら、両面に軽く色がついてカリッとするまで焼き、細く刻みます。

　簡単にできて、食欲が落ちる時期でもおいしくいただけます。具材を追加するなら、塩もみしたキュウリもいいですし、刻んだミョウガや大葉もよく合います。ぜひお試しを。

材料（3人分）

枝豆（さや付き）	200g
油揚げ	2枚
梅干し	中2個
米	2合
昆布（3cm角）	1枚
酒	大さじ1

作り方

1. 米は洗って炊飯器に入れ、酒を加え、2合の目盛りまで水を加える。昆布の表面をふいてのせ（写真■）、15分おいて炊く。
2. 鍋に湯を沸かし、塩小さじ1（材料外）と枝豆を入れて2分半ほどゆでる。ザルに上げて粗熱を取り、豆を取り出して薄皮をむく。
3. 油揚げは表面の油をペーパータオルで押さえ、フライパンで両面がカリッとするまで焼く（写真■）。縦4等分に切り、端から細く切る。梅干しは種を除き、包丁でたたく。
4. 炊き上がった1から昆布を除き、たたいた梅干しを加えて混ぜる。2と油揚げを加えてさらにザッと混ぜる。茶わんなどの器に盛り、好みで白煎りゴマ（材料外）をふる。

> **MEMO**
> ご飯をまぜるとき、枝豆が崩れないよう大きくザッと混ぜましょう。

アスパラと
アサリの
炊き込みご飯

だし、うまみのハーモニー

春においしい食材、アサリとアスパラガスを使って炊き込みご飯を作りたいと思います。アスパラガスからもいいだしが出るんですよ。

アサリは、できれば大粒のものを選んでください。3％の塩水に1時間ほど浸して、しっかり砂を吐かせます。水の量は、殻が少し水面から出る程度で十分です。

アスパラは太いほうが軟らかく、歯応えもよいものが多いです。切り口が新鮮なものを選びましょう。根元の硬い部分はピーラーなどで薄く皮をむいて、2cmほどの長さに切ります。

二つの具材を調味料と一緒に煮て、ザルでこします。アサリの身は殻から外し、煮汁は別の鍋で米を炊くのに使います。昆布、ショウガと一緒に米を炊きます。炊き上がった後に、アサリの身とアスパラを戻して一緒に蒸らすのがポイントです。

今回は鍋での炊き方をご紹介しました。土鍋や人気のホーロー鍋でも挑戦してくださいね。

材料（3人分）

アサリ（できれば大粒のもの）	300g
アスパラガス	大4本
米	2合
昆布（5cm角）	1枚
ショウガ（千切り）	1かけ分
A　酒	50cc
しょうゆ	小さじ2
塩	小さじ½

作り方

1. アサリの砂出しをする。3％の塩水を用意し、バットなどに広げたアサリが水面から少し出るくらいの量を注いで、1時間ほど浸す。その後、殻をこすり洗いする。
2. アスパラガスは根元の硬い部分の皮をむき（写真1）、長さ2cmに切る（写真2）。
3. 鍋に1、2とA、水300ccを入れ中火にかける。煮立ったらアクを取り、アサリの口が開くまで煮て、ザルでこす。煮汁は冷ましておく。
4. 3のアサリは殻から身を外す。
5. 米は洗ってザルに上げ、ご飯を炊く鍋に入れる。3の煮汁に水を足して400ccにして加える。
6. 5に昆布とショウガを加えてフタをし、強火にかける。煮立ったら弱火にして12～15分炊き、最後に20秒ほど強火にして火を止める。強火にすることでおこげができる。アサリの身とアスパラガスを戻し入れ（写真3）、10分ほど蒸らす。器に盛り、好みで黒煎りゴマ（材料外）をちらす。

MEMO
もちろん、炊飯器でも作れます。その場合は炊飯後に保温モードになってから、アサリとアスパラを戻し入れてください。

煮込み不要、カロリー控えめ

材料（2人分）

鶏胸肉	小1枚(180g)
タマネギ	½個
レンズ豆（乾燥）	60g
ニンニク（みじん切り）	1かけ分
パセリ（みじん切り）	少々
白ワイン	50cc
クミンシード	小さじ2
オリーブ油	大さじ2
塩	小さじ⅔
粗びき黒コショウ	少々
ご飯	適量（2皿分）
A ターメリック	小さじ½
A コリアンダーパウダー	小さじ½
A カイエンペッパー	小さじ⅓

作り方

1. レンズ豆はサッと洗い、かぶるくらいの水、塩少々（分量外）と一緒に鍋に入れ、中火にかける。煮立ったら弱めの中火にし、10～12分ゆでてザルに取る（写真**1**）。
2. 鶏肉は好みで皮を取り除き、3cm角に切る。タマネギはみじん切りにする。
3. フライパンにオリーブ油とニンニク、クミンシードを入れて弱火にかける（写真**2**）。香りがたったら2を加え、肉の色が変わるまでサッと炒める。
4. 白ワインと1を加え、フタをして弱火で6分ほど蒸し煮にする。フタを取り、合わせた**A**を加えて炒め合わせ塩、黒コショウを加える。皿に盛ったご飯にかけ、パセリをふる。

ベジタリアンの多いインドには、豆を使った料理が数多くあります。おすすめの豆のスパイスカレーをご紹介します。

今回選んだのはレンズ豆。鉄やたんぱく質、ビタミンB群などが豊富です。水で戻さず使えるので、調理しやすい豆としてもおすすめ。豆が割れてくるのがゆで上がりの目安です。

続いてスパイスについて説明します。

クミンはカレーの香りのもと。消化促進効果があり、美容や健康にもよい香辛料です。クミンシード（種）は炒めると香りがたちます。焦げやすいので弱火でゆっくりと、油に香りを移すようなつもりで炒めましょう。

黄色いターメリックは「ウコン」と聞くと、ピンとくるでしょうか。

さわやかな香りのコリアンダーはパクチーの種を乾燥させたもので、いずれもカレーには欠かせないスパイスです。

カイエンペッパーは辛みのもと。一味唐辛子でも代用できます。辛みが苦手な方、お子さんのいらっしゃるご家庭では抜いてもいいでしょう。

煮込む必要がなくカロリーも控えめのカレーです。余ったスパイスは炒めものや揚げものの香りづけに気軽に使ってください。

MEMO

クミンシードは油との相性がいいので、フライドポテトの揚げ油に入れるのもおすすめ。「豚ひき肉とトウモロコシのクミン炒め」（P110）でも使っています。

第5章　ごはんアレンジ、いろいろ

豆のスパイスカレー

キノコのヨーグルトチキンカレー

カレーで腸活 始めました！

おなじみの献立、カレーでも「腸活」してみませんか。腸活食材としてヨーグルトやナッツに加えて、キノコをたっぷり使います。

まず鶏肉にニンニクやショウガ、ヨーグルトなどをもみ込み冷蔵庫に入れて半日ほどおきます。フライパンで、漬けおいた鶏肉の汁気を切り、焼き目をつけます。タマネギとキノコを加え、タマネギが透き通るまで炒めます。しっかり火を通してカレー粉をかけてからトマトや水などを加えて煮ます。

スパイスのクミンやコリアンダーには消化促進作用や整腸作用があります。香りがとばないように途中で加えてさらに煮込みましょう。

仕上げに生クリームを加え、煮立つ直前に火を止めたらできあがりです。

ナッツの種類はお好みでOKです。今回は粗く刻んだカシューナッツをご飯にトッピングしてみました。あれば彩りにイタリアンパセリも飾ります。おいしくて楽しい腸活、始めてくださいね。

材料（2人分）

鶏手羽元	6本
タマネギ	中1個
シメジ	½パック
エリンギ	2本
カシューナッツ	15個
ご飯	適量（2皿分）
生クリーム	100cc
オリーブ油	大さじ1
カレー粉	小さじ2
イタリアンパセリ	適量

A
- プレーンヨーグルト……大さじ2
- ニンニク（すりおろし）……1かけ分
- ショウガ（すりおろし）……1かけ分
- カレー粉……小さじ1
- 薄力粉……大さじ2
- 塩……小さじ½

B
- トマト（ざく切り）……大1個分
- 水……200cc
- 酒……50cc
- トマトピューレ……大さじ3

C
- クミンパウダー……小さじ½
- コリアンダーパウダー……小さじ½
- 塩……小さじ¼
- ニンニク（すりおろし）……½かけ分

作り方

1. 鶏肉に**A**をしっかりともみ込み（写真**1**）、冷蔵庫で半日から一晩おく。
2. タマネギは粗みじん切りに、シメジは石突きを除いてほぐす。エリンギは縦二つに切って厚さ7～8mmの斜め切りにする。
3. フライパンにオリーブ油を入れて中火で熱し、**1**を焼き目がつくまで焼く。
4. **2**を加えて（写真**2**）タマネギが透き通るまで炒め、カレー粉を加えてなじませる。
5. **B**を加えてアクを取りながらひと煮立ちさせ、弱火にして12分ほど煮る。
6. **C**を加え、混ぜながらさらに5分煮る。
7. 生クリームを加え、煮立つ直前に火を止める。
8. 器にご飯を盛り、上に粗く刻んだカシューナッツをちらす。**7**をかけ、好みで刻んだイタリアンパセリを飾る。

> **MEMO**
> 鶏肉にヨーグルトをもみ込むことで、加熱しても水分を保ちやすくなり、軟らかくジューシーに仕上がります。

第5章 ごはんアレンジ、いろいろ

豚ひき肉とトウモロコシのクミン炒め

クミンでマンネリ打破！

ひき肉の定番料理をご紹介します。トウモロコシと合わせて、炒めものを作りたいと思います。炒めものはいつも同じような味になりがちですが、そんなときはぜひ、クミンを使ってマンネリを打破しましょう！

クミンには胃腸の調子を整える作用や食欲増進効果があり、食欲が落ちるときに活用したいスパイスです。野菜と相性がよく、甘いトウモロコシにピッタリ。ほかにはトマトやカボチャなどと合わせるのもおすすめです。酢やオイルに加えてもなじみますので、マリネ液やドレッシングにも使えます。

スーパーなどではシード（種）とパウダー（粉末）、両方見かけることがあると思います。今回は、火にかけることでより香りが立つクミンシードを使いました。

トウモロコシとネギの食感が楽しい炒めものは、写真のようにご飯とワンプレートにしてもOK。目先が変わってご飯が進みますよ。

MEMO

クミンが手に入らない場合はカレー粉でも代用可能。その場合はから煎りは不要。香りがとばないよう最後の仕上げに加えましょう。

材料（2人分）

豚ひき肉	250g
トウモロコシ	2本
長ネギ	1本
クミンシード	大さじ1
酒	大さじ1
ゴマ油	大さじ½
しょうゆ	小さじ2
塩	小さじ⅓

作り方

1. トウモロコシは長さを半分に切り、芯から実をそぐ（写真1）。ネギは長さ2cm程度のぶつ切りにする。
2. フライパンにクミンシードを入れ、弱火にかける（写真2）。焦がさないように軽く香りが出るまでから煎りし、取り出す。
3. 2のフライパンにゴマ油を入れて中火にかけ、ひき肉をパラパラになるまで炒める。1を加え、ネギに軽く焼き色がつくまで炒め、塩を加える。
4. 2を戻し入れてサッと炒め、酒を加えてフタをし、1分半ほど蒸し焼きにする。フタを取って炒めながら水分をとばし、しょうゆを加えて炒め合わせる。

第5章 ごはんアレンジ いろいろ

四海巻き

アレンジ自在、「映える」断面

千葉県房総地方の郷土料理「四海巻き」は地域の婦人会の方々に教わった思い出深い一品です。四隅の模様が波を表現しているので、四海巻きと呼ばれるそう。見た目の印象よりも手軽に作れる太巻きずしです。

最初に作る巻きずしは、梅干しで色づけしたご飯の中央にキュウリを入れたもの。梅干しの代わりに赤じそのふりかけを使ってもいいでしょう。次はこれを芯にして一回り太い巻きずしを作り、縦に四つ割りにします。

その後、つなげて長くした海苔の上に、四つ割りの巻きずしを海苔が内側になるように縦横二つずつ並べて巻き（中央にできるすき間部分に厚焼き卵の棒を入れるのを忘れずに！）、断面が正方形に近い太巻きになったら成功です。

複数の細い巻きずしをパズルのように組み合わせて一緒に巻き、一つの太巻きずしを作ると考えればわかりやすいでしょうか。いろいろ試して「映える」断面を作ってみてくださいね。

材料（1本分）

- ご飯‥‥‥‥‥‥‥‥‥‥‥‥‥‥350g
- キュウリ‥‥‥‥‥‥‥‥‥‥‥‥‥1本
- 焼き海苔‥‥‥‥‥‥‥‥‥全形3と½枚
- 梅干し‥‥‥‥‥‥‥‥‥‥‥‥中2個
- 卵‥‥‥‥‥‥‥‥‥‥‥‥‥‥‥3個
- A 砂糖‥‥‥‥‥‥‥‥‥‥‥小さじ½
- A 塩‥‥‥‥‥‥‥‥‥‥‥‥1つまみ
- 米酢‥‥‥‥‥‥‥‥‥‥‥‥‥大さじ2
- B 砂糖‥‥‥‥‥‥‥‥‥‥‥小さじ2
- B 塩‥‥‥‥‥‥‥‥‥‥‥‥小さじ⅓

作り方

1. **A**で厚焼き卵を作る。1cm角で長さ10cmの棒状に切って2本用意する。
2. ご飯は熱々にして150gと200gに分け、150gのほうに種を除いてたたいた梅干しを加えて混ぜる。200gには**B**を混ぜる。
3. キュウリ巻きを作る。巻きすに海苔1枚をのせ、奥を5cmほど空けて梅干しを混ぜたご飯を広げる。中央に切らない丸ごとのキュウリを置き、手前から巻く。
4. 巻きすに海苔1枚をのせ奥を1cmほど空けて酢飯にしたご飯を広げる。**3**をご飯の中央にのせて巻き（写真**1**）、縦に四つ割りにする（写真**2**）。
5. 残った海苔1枚と半分の端に水をつけてつなぎ長方形にし、巻きすに縦に広げる。**4**の2本をキュウリが外になるように並べ、中央に**1**をのせる（写真**3**）。**4**の残り2本は海苔を下向きにして背中合わせにのせ、手前から四角く巻く（写真**4**）。幅1.5cm程度に切って皿に盛りつける。

> **MEMO**
> 巻きずしの本数や組み合わせは自由。具材も赤色はカニかま、黄色ならプロセスチーズなどアレンジも自在です。

第5章 ごはんアレンジ、いろいろ

2種の春色おにぎり

材料

おかかとたくあんのおにぎり（2人分）

たくあん漬け	4〜5cm分（50g）
カツオ削り節	5g
熱々のご飯	茶わん3杯分（450g）
しょうゆ	小さじ1

カブの葉とじゃこのおにぎり（2人分）

カブの葉	5〜6本分
ちりめんじゃこ	15g
塩	小さじ½
熱々のご飯	茶わん3杯分（450g）

作り方

おかかとたくあんのおにぎり

1. たくあん漬けは粗みじん切りにする。削り節にしょうゆを加え、サッと混ぜる。
2. ご飯に **1** を加えて混ぜ、好みの形に握り、好みで黒煎りゴマ（材料外）をふる。

カブの葉とじゃこのおにぎり

1. カブの葉は、塩少々（分量外）を加えて沸騰させた湯に入れて1分ゆで、冷水に取り水気を絞る。
2. **1** を小口切りにし、再度水気を絞る。
3. ご飯に **2** とちりめんじゃこ、塩を加えて混ぜる（写真**1**）。好みの形に握り（写真**2**・**3**・**4**）、好みで白煎りゴマ（材料外）をふる。

おかずいらず、彩り豊かに

　行楽シーズンに、おかずいらずのシンプルなおにぎりを持って出かけたいと思います。

　混ぜ込む具材を替えて2種類作りました。まずは、たくあんを刻んでおかかやしょうゆと合わせたもの。混ぜ込みご飯をおにぎりにするときは、手に塩をつけなくて大丈夫です。

　もう一つは、カブの葉とちりめんじゃこの組み合わせ。青菜なら何でもOKです。ゆでて冷水に取り、水気をしっかり絞っておくのがポイント。刻んでから再度絞るとよいでしょう。

　こちらのおにぎりは形を変えて、俵形にしてみました。握るときは力を入れすぎないで、中に空気を含むようなつもりで作ってください。目にも楽しい色合いのおにぎりの完成です！

　遠くの行楽地や公園でなくていいんです。お庭やテラス、バルコニーでも。サッと作ったおにぎりをカゴに詰めて、ちょっと持っていくだけ。風を感じながら味わうと、またおいしさは格別ですよ。

> **MEMO**
> お漬物はお好みでしば漬けや高菜漬け、野沢菜漬けなどに代えてもいいですね。

サツマイモと梅干しのおにぎり

腹持ちよく、傷みにくい

今も、子どもが塾に行くときに持たせている「おやつごはん」を紹介します。

補食には、サッと食べられる「おにぎり」を推したいですね。おすすめの具材はサツマイモと梅干しです。サツマイモは腹持ちがよく、梅干しを入れると傷みにくい。それだけでなく、梅干しの酸味がサツマイモの色止めになって見た目も美しく、梅干しの塩加減とサツマイモの甘さのバランスが絶妙なんです。この組み合わせは最強です！

おにぎりにして黒ゴマをふって……。さあ召し上がれ！

MEMO
炊飯器で作る場合は普通の炊飯モードで。具材をセットして10分ほどおいてから炊飯スイッチを入れ、炊き上がった後もフタを開けずに10分ほど蒸らしてください。

材料（3個分）
梅干し	大1個
サツマイモ	中1本(200g)
米	1合
酒	小さじ1

作り方
1. サツマイモは皮付きのまま、1.5〜2cm角に切り、水にサッとさらして水気を切る。
2. 米は洗ってザルに上げ、鍋に入れる。1と水200cc、酒、梅干しを加え（写真1）、10分おいてから強火にかける。
3. 煮立ったらフタをして弱火にして15分炊き、30秒強火にして火を止め、そのまま10分蒸らす。
4. 梅干しの種を除き、実を崩しながら混ぜて握る（写真2）。仕上げに好みで黒煎りゴマ（材料外）をふる。

第 **6** 章

ようこそ、
甘味処マキ庵へ

サツマイモのお汁粉

秋の味覚をスイーツに

サツマイモのお汁粉です。温かいままでも、冷やして食べてもおいしく、新たな味わいに出合えること間違いなしです！

サツマイモの品種はお好みで。金時系のほうが色が美しく味が濃厚です。きれいに仕上げたいので皮はむいて使います。

味のポイントはココナツミルク。分離しているときは湯煎して使ってください。苦手な方は牛乳や生クリームに代えても大丈夫ですよ。缶入りを買って余ったら、グリーンカレーに使うほか、パンケーキやフレンチトーストを作るときの牛乳代わりに使ってもいいです。

ハンドブレンダーまたはミキサーかマッシャーを使い、煮たサツマイモをつぶします。なめらかになるまでつぶすのがおすすめですが、少々粒が残っても構いません。白玉の大きさもお好みですが、私は直径1〜1.5cm程度に小さく丸めるのが、見た目もかわいくて食べやすいのでお気に入りです。

MEMO

白玉は冷たくしすぎると硬くなるので、氷水には長時間さらさないようにしてください。

材料（2人分）

- サツマイモ……………200g（中1本程度）
- ココナツミルク……………………100cc
- 白玉粉……………………………50g
- 砂糖…………………………大さじ2
- シナモンパウダー……………………少々

作り方

1. サツマイモは皮をむいて3cm角に切り、サッと水にさらす。
2. 鍋に水300ccと1、砂糖を入れて中火にかけ、イモが軟らかくなるまで煮る。
3. 火を止めてココナツミルクを加え、ハンドブレンダーでかくはんする（なければミキサーかマッシャーで細かくつぶす）。
4. 白玉粉はボウルに入れ、50ccの水を少しずつ加えながら耳たぶくらいの硬さになるまで手でこねる。別の鍋に沸騰させた湯に丸めて入れ、浮いてきてからさらに3分ほどゆで、氷水にさらして粗熱を取る（冷やしすぎない）。
5. 3を再度火にかけ、弱火で煮立つ直前まで温める。器に3、4を入れ、シナモンパウダーをふる。

パイナップルとヨーグルトのアイスキャンディー

家にあるフルーツでひんやりスイーツ

暑い日が続くとき、家にひんやりスイーツがあるとうれしいですね。家にあるフルーツとヨーグルトでサッと作れるアイスキャンディーはいかがでしょう。

今回は生のパイナップルを使います。つぶすような感じで粗く刻んでください。ハンドブレンダーを使っても構いません。出てきた果汁も使います。

刻んだ果肉、果汁とヨーグルトを混ぜます。ミントの葉を足すとよりさわやかな味わいに。塩も加えて塩分を補給しましょう。はちみつは1歳未満のお子さんには食べさせられないのでその場合は砂糖を使ってください。しっかり混ぜれば果肉が沈んで偏ることもありません。

キャンディーの型はキッチン用品を扱う店やスーパー、100円ショップなどでさまざまな商品が売られています。今回はバー状に固まる型を使いましたが、紙コップやプリンカップを使ったり製氷皿でキューブ状にしたりと、ご家庭で食べやすい形に凍らせてください。

温めた布巾で包んで抜くと、型からきれいに外せます。覚えておくと便利ですよ。

材料（2人分）
- パイナップル……………………250g
- プレーンヨーグルト………………200g
- はちみつ……………………………大さじ4
- ミントの葉…………………………3～4枚
- 塩……………………………………1つまみ

作り方
1. パイナップルは粗みじん切りにしてボウルに入れる。
2. 1に他の材料を加え、混ぜる（写真1）。好みの型に入れて3～4時間、冷凍庫で凍らせる（写真2）。

> **MEMO**
> スイカやキウイ、メロン、イチゴやブルーベリーなどでもおいしいです。缶詰のフルーツでも同様に作れます。

2種のロックチョコレート

湯煎だけで簡単に

「オーブンを使うほど本格的にはできないけれど『手作り感』はほしい」という初心者の方向けのチョコを考えてみました。湯煎だけで簡単に作れるロックチョコレートです。

2種類作りますので、バットや耐熱ボウルは二つずつ用意してください。それぞれのボウルにチョコを割り入れて、湯煎します。湯煎に使うお湯は、一度沸騰させて火を止め、60℃程度まで冷ましてから使います。温度が高すぎるとチョコの風味がなくなり、固まった後にすじが入ってしまいます。つやのあるチョコに仕上げるには、熱くしすぎないのがコツです。

トッピングはドライフルーツ、ナッツなどお好きなものをご自由に。「オレオ」などのクッキーを砕いてのせてもおいしいです。おしゃれで「映える」チョコ、いかがでしょうか。

材料（作りやすい量）

ブラックチョコレート（製菓用）	300g
ホワイトチョコレート（製菓用）	300g
アーモンド	20g
オレンジピール	20g
ピスタチオ	10g
ドライイチゴ	5g
ココアパウダー	小さじ1

作り方

1. チョコレートは粗く刻み、それぞれ耐熱ボウルに入れ、底を60℃程度の湯に当てて湯煎して溶かす。
2. バットも2個用意し、それぞれオーブンシートを敷いて**1**を流し入れる（写真**1**）。
3. ブラックチョコレートはアーモンドと粗く刻んだオレンジピールを全体にちらし、冷やし固める（写真**2**・**3**）。
4. ホワイトチョコレートは粗く刻んだピスタチオと指で崩したドライイチゴを全体にちらし（写真**4**、P124）、冷やし固める。
5. それぞれ冷蔵庫で2時間以上冷やせば、おおむね固まる。時間があれば一晩おくとよい。固まったら大きめに割り、ブラックチョコレートは食べる直前にココアパウダーをふる。

> **MEMO**
> チョコは市販の板チョコを使いがちですが、油分が多く分離しやすいのでおすすめしません。仕上がりの見た目も美しくなくなります。味も香りも良いので「製菓用」を使いましょう。

第6章　ようこそ、甘味処マキ庵へ

ワタナベマキ

1976年、神奈川県生まれ。料理家。グラフィックデザイナーを経て、料理家に。素材の味を大切に、現代的なセンスを取り入れた、ナチュラルなレシピに定評がある。著書に『うちの台所道具』『まずは塩しましょう。』『ワタナベマキの台湾食堂』『韓国ドラマの妄想ごはんレシピ帖』(堤人美との共著)『ワタナベマキのサッと蒸し、ほっこり蒸し』『あたらしい みそおかず』など。

[初出] 本書は「往復食簡」(「毎日新聞」2023年1月15日から2024年12月29日掲載)に新たなレシピを加え、加筆再構成しました。

[スタッフ]

コーディネイト　　色井香(g-chef)

スタイリング　　　八木佳奈

[連載]

毎日新聞

瀬尾忠義、江畑佳明、銅山智子、山崎明子、榊真理子

尾籠章裕(撮影)、大井美咲(デザイン)

[書籍]

カバーデザイン・
アートディレクション　坂川朱音(朱猫堂)

編集　　　　　　藤江千恵子(毎日新聞出版)

撮影　　　　　　タカハシトミユキ
　　　　　　　　(P6, 36, 50〜53, 64, 66〜69, 80, 94〜96, 126〜127)

撮影アシスタント　佐藤萌
　　　　　　　　特に表記のないものは毎日新聞社

にちようび　だいどころ
日曜日の台所

きょう　なにつく
ワタナベマキのベストレシピ55 「今日、何作ろう」に困ったら こま

印刷　　2025年3月20日

発行　　2025年4月5日

著者　　ワタナベマキ

発行人　山本修司

発行所　毎日新聞出版
　　　　〒102-0074 東京都千代田区九段南1-6-17 千代田会館5階
　　　　営業本部　　03-6265-6941
　　　　図書編集部　03-6265-6745

印刷・製本　中央精版印刷

乱丁・落丁本はお取り替えします。
本書のコピー、スキャン、デジタル化等の無断複製は著作権法上での例外を除き禁じられています。本書の著作権は執筆者に帰属します。転載を希望される場合は筆者の許可が必要となりますので、弊社にご連絡ください。

©Maki WATANABE 2025, Printed in Japan
ISBN978-4-620-32831-7